U0897028

江西财经大学资助

红色旅游意象研究

田逢军◎著

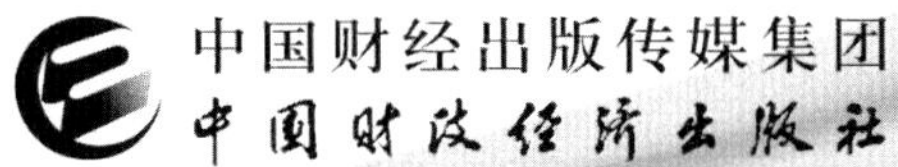

中国财经出版传媒集团
中国财政经济出版社

图书在版编目（CIP）数据

红色旅游意象研究/ 田逢军著 . —北京：中国财政经济出版社，2017. 12
ISBN 978 – 7 – 5095 – 7867 – 4

Ⅰ. ①红… Ⅱ. ①田… Ⅲ. ①革命纪念地 – 旅游业发展 – 研究 – 中国
Ⅳ. ①F592. 3

中国版本图书馆 CIP 数据核字（2017）第 283907 号

责任编辑：彭 波 段 钢　　责任印制：杨 军
封面设计：孙俪铭　　责任校对：徐艳丽

中国财政经济出版社 出版

URL：http：//www. cfeph. cn
E – mail：cfeph @ cfeph. cn

社址：北京市海淀区阜成路甲 28 号 邮政编码：100142
营销中心电话：88190406 北京财经书店电话：64033436 84041336
北京财经印刷厂印刷 各地新华书店经销
710 × 1000 毫米 16 开 10. 75 印张 180 000 字
2017 年 12 月第 1 版 2017 年 12 月北京第 1 次印刷
定价：58. 00 元
ISBN 978 – 7 – 5095 – 7867 – 4
（图书出现印装问题，本社负责调换）
本社质量投诉电话：010 – 88190744
打击盗版举报热线：010 – 88190492、QQ：634579818

前　言

长期以来，国内学术界对红色旅游的研究较多关注了红色旅游资源开发与目的地产品建设，而对旅游者行为与心理等主体要素的研究重视不够。相关研究表明，旅游者行为与心理等主体要素的重要性并不亚于旅游资源和旅游目的地等客体要素。随着我国当代旅游业的转型升级，旅游消费逐渐从功能性消费向情感性消费过渡，游客的体验性需求越来越受到重视。红色旅游意象是旅游者经过对红色旅游景区的体验、认知与评价而形成的记忆和产生的意义，是旅游者情感体验与旅游经历的核心组成部分。本书从旅游者主体认知和评价的视角切入进行红色旅游意象研究是建立效果反馈机制，即通过探讨哪些因素影响了旅游者对红色旅游意象要素的认知和评价，进而筛选出那些令旅游者印象深刻的红色旅游意象要素，反向指导如何更好地保留目的地的红色旅游意象，不仅有望为红色旅游的规划与管理提供参考，也有助于更好地传承红色文化与红色记忆，发挥红色旅游对国民的伦理教化作用。

本书通过实地调研和问卷调查并结合网络文本收集获取基础数据，综合运用社会学、心理学、地理学、城市规划学等多学科的理论与方法，分别从旅游者认知、评价和网络文本分析的视角对红色旅游意象进行研究，揭示了红色旅游意象的特征、影响因素与形成规律，在此基础上总结了红色旅游意象的整饰策略。本书一方面丰富和完善了红色旅游研究的内容和主题，拓展了红色旅游的研究领域，为红色旅游研究提供了重要视角和研究方法；另一方面，本书从旅游者与环境互动的视角，用城市意象及其构成去分析红色城市旅游发展中存在的问题，对红色城市的旅游规划与景区管理有重要的指导作用和借鉴价值。

全书分为上、下两篇，共 10 章。其中，上篇（第 1 章至第 4 章）是理论研究，主要论述红色旅游意象研究的概念体系、理论基础、研究方法和国内外相关研究综述；下篇（第 5 章至第 10 章）是以南昌市为案例的实证研究。主要内容可概括为四个方面，即基于旅游者认知的红色旅游意象、基于旅游者评价的红色旅游意象、基于网络文本分析的红色旅游意象以及红色旅游意象整饰策略。上述四个方面的内容分别基于旅游者认知视角探讨了旅游者对南昌市红色旅游意象的认知程度、影响因素及认知规律；基于旅游者评价视角探讨了旅游者对南昌市红色旅游意象的评价、影响因素及意象运行中存在的问题；基于网络文本分析探讨了网络虚拟社区人群所秉持的特有的南昌市红色旅游意象；进而，从旅游者认知、评价和意象运行等多个方面探讨了南昌市红色旅游意象的整饰策略。

当前，我国已有 12 个重点红色旅游区、30 条红色旅游精品路线、300 个红色旅游经典景区、200 个重点爱国主义教育基地，全国的红色旅游目的地体系已初步形成。红色旅游意象的研究案例地并非仅仅局限于单个典型红色旅游地，还可以选择多个不同地区、不同历史阶段的典型红色旅游景区进行对比分析；此外，红色旅游意象的研究对象除了旅游者以外，也可针对地方居民、管理者、规划设计者等不同类型的社会群体。由于旅游者的认知具有主观性和不确定性，本书所建立的红色旅游意象认知变量体系也必然还存在不完善的地方。后续相关研究可在进一步建立全面而细致的主体认知变量体系的基础上，深入探讨旅游者的主体认知在红色旅游意象整饰中的作用和规律，从而为地方红色旅游的健康发展提供有效建议。

作　者

2017 年 9 月

目　录

第 *1* 章

红色旅游意象的概念体系

1.1 红色旅游相关概念

1.1.1 红色旅游的概念及特征

（1）红色旅游的概念。

红色旅游是将红色文化教育与旅游产业相互融合的一种旅游活动类型。红色旅游实践最早可追溯到20世纪六七十年代游客瞻仰革命圣地的热潮（李小波，2005），但直至2000年，“红色旅游”才被作为专有名词正式提出。自“红色旅游”提出以来，政府部门、学术界对其概念的探讨一直就没有停息。

总体上看，有关红色旅游概念的界定主要是依据旅游资源的类型以及旅游过程中游客所获得的相关体验展开的。李宗尧（2002）较早界定了红色旅游的内涵，认为红色旅游是指以游览革命老区、革命遗迹为主，同时接受爱国主义教育的旅游方式。尹晓颖等（2005）进一步简化了红色旅游的概念，指出红色旅游是以参观游览红色景观为主要内容，以接受爱国主义教育和革命传统教育为主要目的的旅游活动。2004年，国务院颁布了《2004～2010年全国红色旅游发展规划纲要》，对红色旅游概念进行了规范，提出“红色旅游”是指以中国共产党领导人民在革命和战争时期建树丰功伟绩所形成的纪念地、标志物为载体，以其所承载的革命历史、革命事迹和革命精神为内涵，组织和接待旅游者进行缅怀学习、参观游览的主体性旅游活动。

从上述红色旅游概念的提出中可以看出，虽然红色旅游的概念纷繁复杂，但这些概念的本质内涵却是相对一致的，即都认为红色旅游是一种以参观革命遗址为主要内容，同时游客接受爱国主义教育的主体性旅游活动。

（2）红色旅游的特征。

红色旅游具有一些不同于其他类型旅游活动的鲜明特征，主要表现在：

第一，鲜明的时代特征。红色旅游是在红色资源基础上迅速发展起来的一种精神文化活动，这些红色资源主要是指中国共产党成立后领导广大人民群众进行的第二次国内革命战争、抗日战争、解放战争所留下的革命纪念地、纪念馆、纪念物等遗迹以及其所承载的革命精神（雷召海，2005）。可见，红色资源是时代的产物，因而红色旅游也具有鲜明的时代特征，开展红色旅游活动可以使游客了解中国这段特殊时期人民的抗争史，从而缅怀先烈，铭记历史，珍爱和平。

第二，突出的教育功能。红色旅游的一个主要目的就是进行革命传统教育和爱国主义教育。当今中国经济发展迅速，人们的生活条件不断改善，一些人开始滋生享乐主义，向往纸醉金迷、灯红酒绿的生活方式，个人极端主义严重，片面强调个人利益，不惜牺牲他人、集体和社会的利益。同时，少数官员中的官僚主义思想严重，腐败事件频繁发生。红色旅游活动通过了解革命前辈和先烈顽强抗争、舍生取义的感人事迹，可以更好地继承和发扬老一辈革命家不畏个人得失、艰苦奋斗的伟大精神。突出的教育功效是红色旅游的重要功能，是红色旅游区别于其他旅游产品的根本特征。

第三，独特的季节性。一般类型的旅游活动具有明显的季节性特征，主要是由于旅游主体的空闲时间、旅游资源的季节性等原因引起的，具体体现在旅游收入与游客人数的差别上。红色旅游季节性表现得也很明显，但又不同于一般类型的旅游活动，其旺季是“七一”“八一”等重大历史事件的纪念日以及寒暑假时间，而不是集中于“五一”“春节”等几个黄金周。尤其是在一些重要历史纪念日，一些组织或者企业会安排成员或员工前往革命遗址进行参观，以表达对党的历史的缅怀之情，同时也希望继承和发扬党的优良传统和作风。同时，在寒暑假期间，部分学校组织“夏令营”和“冬令营”等活动，带领学生参观一些重要的历史场馆，接受爱国主义教育。因此，红色旅游活动具有独特的季节性特征。

第四，强烈的政府主导性。红色旅游具有强烈的政治色彩，受政府政策和措施的影响较大。革命历史遗址是历史的载体，承担着革命传统教育、唤醒民族记忆和弘扬民族精神的重要作用。大力发展红色旅游不仅是对革命前辈和抗战烈士的纪念和缅怀，更是要从以爱国主义为核心的伟大民族精神和抗战精神中汲取力量，从而肩负起中华民族伟大复兴的历史重任。近年来，政府推出的一系列政策进一步推动了红色旅游的发展。1994 年，中宣部颁布了《爱国主义教育实施纲要》；1995 年，民政部确定了首批百个爱国主义教育基地；1997 年，中宣部进一步公布了首批百个爱国主义教育示范基地，并且在建党 80 周年前夕又推出了第二批全国爱国主义教育示范基地等，这些措施客观上促进了红色旅游的升温。

第五，国内游客占主导。在红色旅游游客构成中，国内游客占比很高，其中包括参与单位组织的红色旅游活动的职员、为缅怀往昔而游览历史纪念馆的老年人以及学校组织的到革命遗迹接受爱国主义教育的青少年学生等。而国外游客由于对中国共产党近代以来的斗争史了解不多或者由于国家意识形态的差异，对国内红色旅游的兴趣不大。

1.1.2　红色旅游景区的概念及分布

红色旅游景区是指以革命纪念地、纪念物及其所承载的革命精神为吸引物，组织接待旅游者进行参观游览，学习革命精神，接受革命传统教育和振奋精神、放松身心、增加阅历的旅游目的地（纲要，2004）。

中共中央办公厅、国务院办公厅颁布的《2004～2010 年全国红色旅游发展规划纲要》提出了重点打造 100 个左右的“红色旅游经典景区”，使 80% 以上达到国家旅游景区 3A 级以上标准，其中 40% 要达到 4A 级标准（纲要，2004）。这些红色旅游景区广泛分布在我国 31 个省、直辖市和自治区，构成了红色旅游活动的主要载体和核心吸引力（见表 1－1）。

表 1－1　全国红色旅游经典景区分布

省、直辖市、自治区	红色旅游经典景区
北京市（15 个）	1. 天安门广场　2. 中国人民抗日战争纪念馆、卢沟桥、宛平城　3. 新文化运动纪念馆　4. 李大钊烈士陵园　5. 中国国家博物馆　6. 中国人民革命军事博物馆　7. 顺义区焦庄户地道战遗址纪念馆　8. 北京奥林匹克公园　9. 圆明园遗址公园　10. 北京规划展览馆　11. 宋庆龄故居　12. 香山双清别墅　13. 房山区没有共产党就没有新中国纪念馆　14. 冀热察挺进军司令部旧址陈列馆　15. 中国航空博物馆

续表

省、直辖市、自治区	红色旅游经典景区
天津市（6个）	1. 周恩来邓颖超纪念馆 2. 平津战役纪念馆 3. 盘山烈士陵园 4. 河北区天津市规划展览馆 5. 和平区中共中央北方局旧址纪念馆 6. 大沽口炮台遗址博物馆
河北省（14个）	1. 石家庄市平山县西柏坡红色旅游系列景区（点） 2. 石家庄市华北军区烈士陵园 3. 邯郸市红色旅游系列景区（晋冀鲁豫烈士陵园，武安市晋冀鲁豫中央局旧址，涉县八路军一二九师司令部旧址） 4. 保定市红色旅游系列景区（留法勤工俭学运动纪念馆；阜平县城南庄晋察冀军区司令部旧址；易县狼牙山风景区；安新县白洋淀景区；清苑县冉庄地道战遗址；唐县白求恩柯棣华纪念馆；涞水县野三坡平西抗日根据地；高阳县布里留法工艺学校旧址、高蠡暴动烈士陵园及纪念馆；涞源县雁宿崖黄土岭战斗遗址；顺平县冀中军区抗战后方基地） 5. 唐山市红色旅游系列景区（乐亭县李大钊故居和纪念馆，丰润区潘家峪惨案纪念馆） 6. 邢台市邢台县中国人民抗日军事政治大学陈列馆 7. 沧州市献县马本斋烈士纪念馆 8. 承德市隆化县董存瑞烈士陵园及纪念馆 9. 唐山市开滦矿山博物馆 10. 承德市宽城县、唐山市迁西县喜峰口长城抗战遗址 11. 邢台市邢台县前南峪村 12. 唐山市唐山地震遗址纪念公园 13. 张家口市张北国防教育基地 14. 张家口市红色旅游系列景区（晋察冀军区司令部旧址；察哈尔烈士陵园；察哈尔省民主政府旧址；察哈尔民众抗日同盟军烈士纪念塔）
山西省（9个）	1. 长治市红色旅游系列景区（武乡县八路军太行纪念馆；武乡县王家峪八路军总部旧址景区；武乡县百团大战砖壁指挥部旧址；黎城县黄崖洞景区；沁源县太岳军区司令部旧址） 2. 晋中市左权县麻田八路军前方总部旧址景区、左权将军殉难处 3. 大同市红色旅游系列景区（大同煤矿“万人坑”遗址纪念馆，灵丘县平型关大捷遗址、平型关烈士陵园） 4. 忻州市红色旅游系列景区（五台县晋察冀军区司令部旧址纪念馆、徐向前故居和纪念馆，代县雁门关伏击战遗址、夜袭阳明堡机场遗址） 5. 吕梁市红色旅游系列景区（文水县刘胡兰纪念馆；兴县“四八”烈士纪念馆；晋绥边区革命纪念馆；临县中共中央后方委员会旧址；中共中央西北局旧址；陕甘宁晋绥联防军旧址） 6. 太原市红色旅游系列景区（山西国民师范旧址革命活动纪念馆；太原解放纪念馆；高君宇故居；彭真生平暨中共太原支部旧址纪念馆；双塔陵园） 7. 阳泉市狮脑山百团大战遗址 8. 吕梁市石楼县红军东征纪念馆 9. 晋中市昔阳县大寨展览馆及长治市平顺西沟展览馆
内蒙古自治区（8个）	1. 呼和浩特市红色旅游系列景区（乌兰夫故居和纪念馆，武川县大青山抗日游击根据地旧址） 2. 满洲里市红色国际秘密交通线教育基地 3. 乌兰浩特市内蒙古自治区政府成立纪念地 4. 海拉尔市世界反法西斯战争海拉尔纪念园 5. 锡林郭勒盟多伦县察哈尔抗战遗址（察哈尔抗日同盟军收复多伦指挥部、吉鸿昌将军讲演地、同盟军收复多伦战斗旧址） 6. 乌兰察布市绥蒙革命纪念馆及田家镇惨案遗址；集宁战役红色纪念地 7. 和林格尔县绥南革命根据地遗址（托和清地道遗址、革命烈士纪念塔） 8. 呼伦贝尔市诺门罕战役遗址及陈列馆
辽宁省（12个）	1. 沈阳市红色旅游系列景区（“九一八”历史博物馆，抗美援朝烈士陵园，中共满洲省委旧址纪念馆） 2. 抚顺市红色旅游系列景区（抚顺平顶山惨案遗址纪念馆；抚顺战犯管理所旧址陈列馆） 3. 丹东市抗美援朝纪念馆、鸭绿江断桥景区 4. 锦州市红色旅游系列景区（辽沈战役纪念馆；黑山阻击战纪念馆） 5. 葫芦岛市塔山阻击战纪念馆 6. 大连市关向应故居纪念馆 7. 抚顺市雷锋纪念馆 8. 朝阳市赵尚志纪念馆 9. 本溪市东北抗联史实陈列馆 10. 东北老工业基地转型发展系列景区（本溪市本溪湖中国近代煤矿工业遗址园；阜新市海州露天矿国家矿山公园；抚顺煤矿陈列馆） 11. 沈阳第二次世界大战盟军战俘营旧址陈列馆 12. 阜新“万人坑”死难矿工纪念馆

续表

省、直辖市、自治区	红色旅游经典景区
吉林省（8 个）	1. 四平市红色旅游系列景区（四平战役纪念馆；四平烈士陵园；四平烈士纪念塔；梨树县东北民主联军四平保卫战指挥部旧址）　2. 白山市红色旅游系列景区（七道江会议旧址；东北抗日联军纪念园；临江市四保临江战役纪念馆及烈士陵园；陈云旧居；靖宇县杨靖宇将军殉难地；城墙砬子东北抗日联军诞生地）　3. 通化市杨靖宇烈士陵园　4. 长春市东北沦陷史陈列馆　5. 长春市长春电影制片厂　6. 辽源市日军辽源高级战俘营旧址　7. 白城市中共辽吉省委辽北省政府办公旧址和侵华日军机场遗址群　8. 珲春大荒沟抗日根据地遗址
黑龙江省（12 个）	1. 哈尔滨市红色旅游系列景区（东北烈士纪念馆；东北抗联博物馆；哈尔滨烈士陵园；侵华日军第七三一部队罪证陈列馆）　2. 哈尔滨市尚志市红色旅游系列景区（尚志市革命烈士陵园；赵一曼被捕地）　3. 牡丹江市红色旅游系列景区（八女投江革命烈士陵园；海林市杨子荣烈士墓及剿匪遗址；宁安市马骏故居和纪念馆；林口县八女投江殉难地遗址）　4. 大庆市大庆油田历史陈列馆及铁人王进喜纪念馆　5. 齐齐哈尔市江桥抗战纪念地　6. 哈尔滨市中国人民解放军第四野战军前线指挥部旧址　7. 鸡西市密山市中国空军诞生地—东北民主联军航空学校旧址纪念馆、侵华日军鸡西罪证陈列馆　8. 北大荒开发纪念地（鸡西市密山市北大荒开发建设纪念馆；双鸭山市友谊县友谊农场）　9. 鸡西市侵华日军虎头要塞遗址及牡丹江市侵华日军东宁要塞遗址　10. 绥芬河市秘密交通线纪念馆　11. 黑河市瑷珲历史陈列馆　12. 哈尔滨市哈军工纪念馆
上海市（7 个）	1. 上海红色旅游系列景区（中国共产党第一次全国代表大会会址纪念馆；龙华烈士陵园；宋庆龄陵园；陈云纪念馆；中国共产党第二次全国代表大会会址纪念馆；中共四大纪念馆）　2. 上海城市规划展示馆　3. 上海鲁迅纪念馆　4. 浦东陆家嘴金融贸易区　5. 上海世博园　6. 上海淞沪抗战纪念馆　7. 上海四行仓库抗战纪念馆
江苏省（11 个）	1. 南京市红色旅游系列景区（梅园新村纪念馆；雨花台烈士陵园；侵华日军南京大屠杀遇难同胞纪念馆；渡江胜利纪念馆；南京条约史料陈列馆）　2. 江苏新四军红色旅游系列景区（镇江市句容县茅山新四军纪念馆；盐城市新四军纪念馆；泰兴市新四军黄桥战役纪念馆；常熟市沙家浜革命历史纪念馆；常州市新四军江南指挥部纪念馆）　3. 徐州市淮海战役纪念馆，邳州市禹王山抗日阻击战遗址纪念园　4. 南通市海安县苏中七战七捷纪念馆　5. 淮安市红色旅游系列景区（淮阴区八十二烈士陵园；周恩来纪念馆和故居；黄花塘新四军军部旧址；新安旅行团历史纪念馆）　6. 南京市中山陵　7. 宿迁市雪枫公园　8. 泰州市中国人民解放军海军诞生地纪念馆　9. 常州市瞿秋白故居、张太雷故居及恽代英纪念广场　10. 南通市如皋市中国工农红军第十四军纪念馆　11. 连云港市赣榆区抗日山烈士陵园
浙江省（10 个）	1. 嘉兴市南湖风景名胜区（中共一大旧址）　2. 绍兴市鲁迅故居及纪念馆　3. 台州市解放一江山岛战役纪念地　4. 温州市浙南（平阳）抗日根据地旧址　5. 宁波市浙东（四明山）抗日根据地旧址　6. 浙西南革命根据地旧址群（丽水市夏河中共浙江省委机关旧址；龙泉市披云山苏维埃旧址；松阳县安岱后苏维埃旧址；遂昌县王村口苏维埃旧址；衢州市开化县中共浙皖特委旧址；中共闽浙赣省委旧址；温州市泰顺县中共浙闽边临时省委成立旧址）　7. 湖州市新四军苏浙军区旧址群（长兴县新四军苏浙军区旧址；新四军苏浙军区一纵队司令部旧址；新四军苏浙公学旧址；安吉县反顽自卫战指挥部旧址）　8. 温州市永嘉县中国工农红军第十三军军部旧址群　9. 杭州市富阳区侵浙日军投降仪式旧址　10. 温州市洞头先锋女子民兵连纪念馆

续表

省、直辖市、自治区	红色旅游经典景区
安徽省（8个）	1. 安徽新四军红色旅游系列景区（宣城市泾县皖南事变烈士陵园及新四军军部旧址；滁州市定远县藕塘烈士纪念馆及中共中央中原局旧址，来安县新四军二师师部旧址；黄山市黄山岩寺新四军军部旧址；宿州市皖东北革命历史纪念馆暨江上青烈士殉难地；亳州市涡阳县新四军四师纪念馆；合肥市庐江县新四军江北指挥部旧址；淮南市大通万人坑教育馆；天长市龙岗抗大分校纪念馆；安庆市岳西县红二十八军鄂豫皖边区国共和谈旧址；六安市舒城县新四军第四支队纪念馆、黄山红军北上抗日先遣队纪念馆；黄山市黟县皖南苏维埃政府及柯村暴动旧址；芜湖市无为县新四军七师纪念馆） 2. 安徽省淮海战役系列景区（淮北市濉溪县淮海战役双堆集烈士陵园；宿州市萧县蔡洼淮海战役总前委会议暨华东野战军指挥部旧址） 3. 皖西南红色旅游系列景区（六安市皖西烈士陵园，裕安区独山革命旧址群，裕安区苏家埠战役纪念园，金寨县革命烈士陵园、红二十五军军政机构旧址，霍山县诸佛庵镇革命遗址；安庆市岳西县及金寨县红二十八军军政及重建旧址，安庆市太湖县刘家畈高干会议旧址；六安市金安区张家店战役纪念馆） 4. 芜湖市王稼祥纪念园 5. 合肥市肥东县渡江战役总前委旧址 6. 滁州市凤阳县小岗村 7. 渡江战役系列景区（芜湖市板子矶渡江战役第一登陆点纪念碑；蚌埠市渡江战役总前委孙家圩子旧址） 8. “两弹元勋”邓稼先故居
福建省（9个）	1. 福州市福建省革命历史纪念馆 2. 龙岩市红色旅游系列景区（上杭县古田会议旧址及纪念馆；毛泽东才溪乡调查纪念馆；长汀县福建省苏维埃旧址；福音医院旧址；县革命委员会旧址；红四军司令部和政治部旧址；中共福建省委旧址；福建省职工联合会旧址；瞿秋白烈士纪念碑；红军长征出发地（中复村）旧址；连城县红四军政治部旧址；红四军司令部旧址；武平县红四军前敌委员会旧址；龙岩市松毛岭战地遗址） 3. 三明市红色旅游系列景区（宁化县红军医院旧址；中央红军长征凤凰山出发地旧址；北山革命纪念园；泰宁县红军街；建宁县红一方面军总司令部；总前委、总政治部旧址；清流县红军标语遗址；明溪县红军战地医院遗址；永安市抗战遗址） 4. 漳州市毛主席率领红军攻克漳州陈列馆及中共闽粤边区特委旧址 5. 南平市红色旅游系列景区（武夷山赤石、大安红色旅游景区；闽北革命历史纪念馆；坑口革命遗址；邵武市中共苏区闽赣省委旧址；东方县委旧址；光泽县大洲国共谈判旧址；武夷山市上梅暴动；闽北红军中医院及岚谷革命旧址） 6. 福州市马尾船政旧址 7. 宁德市闽东红色旅游系列景区（蕉城区中国工农红军闽东独立师旧址；福安市中共闽东特委旧址；蕉城区三都岛红色革命旧址；屏南县革命旧址） 8. 莆田市涵江区闽中支队司令部旧址 9. 漳州市东山县谷文昌纪念馆
江西省（11个）	1. 南昌市红色旅游系列景区（南昌八一起义纪念馆；方志敏纪念馆；南昌新四军军部旧址；江西革命烈士纪念堂） 2. 赣西红色旅游系列景区（萍乡市、宜春市铜鼓县、九江市修水县秋收起义纪念地系列景点；萍乡市安源路矿工人运动纪念馆；宜春市万载县湘鄂赣革命根据地旧址；上高县抗日会战遗址；新余市罗坊会议纪念地） 3. 井冈山红色旅游系列景区 4. 赣州市、吉安市、抚州市中央苏区政府根据地红色旅游系列景区 5. 上饶市上饶集中营革命烈士陵园 6. 赣东北红色旅游系列景区（上饶市横峰县闽浙皖赣革命根据地旧址群；玉山县中国工农红军北上抗日先遣队纪念馆；铅山县石塘镇新四军整编旧址；景德镇市浮梁县新四军瑶里改编及程家山旧址；乐平市红十军建军旧址；赣东北革命委员会旧址；方志敏旧居） 7. 吉安市红色旅游系列景区（东固革命根据地；永新三湾改编旧址；泰和县马家洲集中营；遂川县工农兵政府旧址） 8. 九江市红色旅游系列景区（庐山会议旧址及领袖旧居群；“98抗洪”精神教育基地；共青城创业史陈列馆；八一起义策源地暨叶挺九江指挥部旧址纪念馆） 9. 赣州市红色旅游系列景区（宁都县中央苏区反“围剿”旧址及纪念馆；大余县南方红军三年游击战旧址及纪念馆） 10. 南昌市新建县小平小道陈列馆 11. 吉安市永新县湘赣革命根据地中心旧址

续表

省、直辖市、自治区	红色旅游经典景区
山东省（13 个）	1. 济南市红色旅游系列景区（济南革命烈士陵园；济南战役纪念馆；济南市解放阁 2. 枣庄市、济宁市铁道游击队红色旅游景区，枣庄市八路军抱犊崮抗日根据地遗址 3. 枣庄市台儿庄大战遗址 4. 临沂市红色旅游系列景区（华东革命烈士陵园，蒙阴县、沂南县沂蒙山孟良崮战役遗址；莒南县八路军一一五师司令部；河东区新四军军部旧址；沂南县红嫂家乡常山庄村） 5. 莱芜市莱芜战役纪念馆 6. 青岛市中国人民解放军海军博物馆 7. 威海市环翠区刘公岛甲午海战纪念地 8. 鲁西南战役纪念系列景区（菏泽市郓城鲁西南战役指挥部旧址；冀鲁豫边区革命纪念馆；济宁市金乡县鲁西南战役纪念馆） 9. 聊城市东昌府区孔繁森同志纪念馆 10. 烟台市海阳地雷战遗址 11. 烟台市红色旅游系列景区（胶东革命烈士陵园；杨子荣纪念馆；海阳市地雷战纪念馆） 12. 德州市冀鲁边区革命纪念园 13. 滨州市渤海革命老区纪念园
河南省（14 个）	1. 驻马店市确山县竹沟镇确山竹沟革命纪念馆 2. 信阳市红色旅游系列景区（新县鄂豫皖苏区首府革命博物馆；鄂豫皖苏区革命烈士陵园；首府路和航空路革命旧址；将军故里；商城县金刚台红军洞群；罗山县铁铺乡红二十五军长征出发地；新县箭厂河革命旧址；狮河区四望山新四军第五师师部旧址） 3. 南阳市叶家大庄桐柏英雄纪念馆 4. 郑州市二七纪念堂 5. 开封市兰考县焦裕禄烈士陵园 6. 安阳市林州市红旗渠 7. 商丘市永成县淮海战役陈官庄战斗遗址 8. 南阳市镇平县彭雪枫故居及纪念馆 9. 濮阳市清丰县单拐革命旧址 10. 安阳马氏庄园（刘邓大军指挥部旧址） 11. 新乡市南太行创业精神红色旅游景区（刘庄、京华村、唐庄、裴寨村、郭亮洞） 12. 周口市扶沟县吉鸿昌将军纪念馆 13. 洛阳市八路军驻洛办事处纪念馆 14. 鹤壁市石林会议旧址
湖北省（14 个）	1. 武汉市红色旅游系列景区（江岸区八七会议会址纪念馆；武昌区毛泽东旧居及中央农民运动讲习所旧址纪念馆） 2. 黄冈市大别山红色旅游区（麻城市乘马会馆；麻城烈士陵园；红安县黄麻起义和鄂豫皖苏区革命烈士陵园；英山县英山烈士陵园；红二十八军红军医院旧址等；罗田县胜利烈士陵园；红安县大别山抗日军政学校旧址；刘邓大军挺进大别山指挥部旧址；黄冈革命烈士陵园） 3. 湘鄂西红色旅游系列景区（荆州市洪湖市湘鄂西革命根据地旧址群；湘鄂西苏区革命烈士陵园） 4. 孝感市红色旅游系列景区（大悟县宣化店谈判旧址；新四军五师旧址） 5. 武汉市辛亥革命系列景区（武昌区辛亥革命武昌起义纪念馆及首义广场；江夏区中山舰纪念馆） 6. 咸宁市咸安区北伐战争汀泗桥战役遗址 7. 湘鄂赣红色旅游系列景区（黄石市阳新县湘鄂赣边区鄂东南革命烈士陵园；湘鄂赣革命根据地旧址群；大冶市红三军团建军旧址；鄂州市梁子湖区湘鄂赣军区司令部旧址） 8. 荆州市“98 抗洪”及荆江分洪工程 9. 宜昌市长江三峡水利枢纽工程 10. 襄樊市宜城市张自忠纪念馆 11. 黄冈市黄州区陈潭秋故居 12. 随州市曾都区新四军第五师旧址群 13. 恩施自治州鹤峰县五里坪系列景区（湘鄂边苏区革命烈士陵园；五里坪革命旧址群；鼓锣山三十二烈士殉难处；中营红三军军部旧址） 14. 咸丰忠堡大捷遗址及烈士陵园
湖南省（14 个）	1. 湘潭市韶山市毛泽东故居和纪念馆 2. 长沙市红色旅游系列景区（湖南第一师范学校旧址；中共湘区委员会旧址暨毛泽东、杨开慧故居；宁乡县花明楼刘少奇故居和纪念馆；浏阳市文家市镇秋收起义会师旧址纪念馆；长沙县杨开慧故居和纪念馆；岳麓山景区；何叔衡、谢觉哉故居；湖南雷锋纪念馆） 3. 湘潭市湘潭县彭德怀故居和纪念馆 4. 岳阳市红色旅游系列景区（平江县平江起义旧址；汨罗市任弼时故居；华容县湘鄂西革命根据地） 5. 郴州市红色旅游系列景区（宜章县湘南暴动指挥部旧址；桂东县“三大纪律六项注意”颁布旧址；汝城县湘南起义汝城会议旧址）

续表

省、直辖市、自治区	红色旅游经典景区
湖南省（14个）	6. 衡阳市衡东县罗荣桓故居 7. 张家界市红色旅游系列景区（桑植县贺龙故居和纪念馆；刘家坪红二方面军长征出发地） 8. 湘西土家族苗族自治州永顺县湘鄂川黔革命根据地旧址 9. 湘潭市湘乡东山学校旧址 10. 怀化市红军长征通道会议旧址 11. 衡阳市南岳忠烈祠 12. 怀化市芷江县中国人民抗日战争胜利芷江受降旧址、飞虎队纪念馆 13. 株州市红色旅游系列景区（茶陵县工农兵政府旧址；炎陵县红军标语博物馆） 14. 胡耀邦故居和陈列馆
广东省（13个）	1. 广州市红色旅游系列景区（毛泽东同志主办农民运动讲习所旧址；广州起义纪念馆和烈士陵园） 2. 梅州市梅县叶剑英元帅纪念馆 3. 惠州市惠阳区叶挺纪念馆 4. 深圳市博物馆（新馆）及莲花山公园 5. 汕尾市海丰县红宫红场旧址、彭湃故居 6. 中山市孙中山故居和纪念馆 7. 广州市三元里人民抗英斗争纪念馆 8. 广州市黄花岗七十二烈士墓 9. 广州市黄埔陆军军官学校旧址 10. 东莞市鸦片战争博物馆 11. 梅州市大埔县“八一”起义军三河坝战役纪念园 12. 韶关南雄市梅关古道景区 13. 河源市五兴龙县中央苏区苏维埃政府旧址及兵工厂旧址
广西壮族自治区（5个）	1. 左右江红色旅游系列景区（百色市红七军军部旧址；乐业县红七军和红八军会师地旧址；崇左市龙州县红八军军部旧址；河池市东兰县韦拔群故居及纪念馆；东兰烈士陵园；广西农民运动讲习所旧址；红七军前敌委员会旧址） 2. 桂林市红色旅游系列景区（八路军驻桂林办事处旧址；兴安县界首镇红军长征突破湘江烈士纪念碑园；湘江战役灌阳新圩阻击战旧址；湘江战役全州觉山铺阻击旧址） 3. 贵港市桂平县太平天国金田起义旧址 4. 崇左市凭祥市镇南关大捷遗址；龙州小连城要塞遗址；凭祥大连城要塞遗址 5. 昆仑关战役旧址景区（南门牌坊、北门牌坊、阵亡将士纪念塔、阵亡将士公墓、抗战碑亭、草帽山战场工事遗址、昆仑关战役博物馆）
海南省（8个）	1. 五指山市五指山革命根据地纪念园 2. 海口市琼山区琼崖工农红军云龙改编旧址 3. 琼海市红色娘子军纪念园 4. 定安县母瑞山革命根据地纪念园 5. 万宁市六连岭革命遗址 6. 文昌市张云逸大将纪念馆 7. 海口市解放海南岛战役烈士陵园；临高角解放海南纪念塑像热血丰碑及解放纪念园；澄迈县解放海南战役决战胜利纪念碑 8. 海南岛抵抗外来侵略纪念景区（海口市秀英炮台、昌江县海南铁矿死难矿工纪念碑、三亚市田独万人坑、西沙永兴岛纪念碑）
重庆市（4个）	1. 重庆市红色旅游系列景区（渝中区红岩革命纪念馆，沙坪坝区歌乐山革命纪念馆，“11·27”大屠杀遗址；红岩魂广场及陈列馆；中美合作所；国民党军统集中营；开县刘伯承故居及纪念馆；江津县聂荣臻元帅陈列馆；酉阳县赵世炎烈士故居；潼南县杨闇公旧居及烈士陵园；川陕苏区城口县苏维埃政权遗址；酉阳南腰界革命根据地；万州革命烈士陵园） 2. 中共中央南方局暨八路军驻重庆办事处旧址 3. 国共合作遗址群及抗日民族统一战线遗址群 4. 邱少云烈士纪念馆
四川省（9个）	1. 广安市红色旅游系列景区（邓小平故居和纪念馆；华蓥市华蓥山游击队遗址） 2. 巴中市、达州市、广元市、南充市川陕革命根据地红色旅游系列景区（巴中市通江县红四方面军总指挥部旧址纪念馆；川陕革命根据地红军烈士陵园；南江县巴山游击队纪念馆；平昌县刘伯坚纪念馆；达州市万源市万源保卫战战史陈列馆；广元市剑阁县红军攻克剑门关遗址；苍溪县红军渡纪念地，旺苍县红军街；南充市仪陇县朱德故居纪念馆；广元市苍溪县黄猫垭战役遗址；南充市阆中市红四方面军革命纪念馆；巴中市巴州区川陕革命根据地博物馆；达州市通川区宣达战役纪念馆；达州市宣汉县红

续表

省、直辖市、自治区	红色旅游经典景区
四川省（9 个）	三十三军纪念馆）　3. 四川红军长征红色旅游系列景区（凉山州会理县皎平渡红军渡江遗址；会理会议遗址；冕宁县彝海结盟遗址；红军长征纪念馆；泸州市古蔺县红军四渡赤水太平渡陈列馆；雅安市宝兴县夹金山红军纪念碑；石棉县安顺场红军强渡大渡河纪念地；甘孜州泸定县红军飞夺泸定桥纪念馆；磨西镇毛泽东住地旧址；甘孜县朱德司令和五世格达活佛纪念馆；阿坝州若尔盖县巴西会议旧址；马尔康县卓克基会议旧址；红原县瓦切红军长征纪念遗址；小金县两河口会议旧址；松潘县红军长征纪念碑碑园；黑水县芦花会议会址；成都市邛崃红军长征纪念馆；泸州市叙永县鸡鸣三省石厢子会议旧址；阿坝州小金县达维会师遗址）　4. 宜宾市宜宾县赵一曼纪念馆　5. 资阳市乐至县陈毅故居　6. 绵阳市“两弹一星”国防科技教育基地　7. 凉山州中国西昌卫星发射中心　8. “5·12”汶川大地震抗震救灾系列景区（阿坝州汶川县映秀镇汶川地震震中纪念地；汶川县水磨古镇；阿坝州理县桃坪羌寨；绵阳市北川县地震遗址博物馆；北川县永昌镇；绵竹市汉旺东汽工业遗址纪念地；青川县东河口地震遗址公园；成都市“万众一心、众志成城”抗震救灾主题展览馆；成都市崇州街子古镇等反映灾后重建成果的景区；都江堰市虹口深溪沟地震遗址纪念地等遗址遗迹及纪念馆）　9. 泸州市泸顺起义旧址
贵州省（8 个）	1. 贵州红军长征红色旅游系列景区（遵义市遵义会议纪念馆；红花岗区红军山烈士陵园；汇川区、桐梓县娄山关景区；赤水市赤水红军烈士陵园；黄陂洞战斗遗址；丙安红一军团陈列馆；习水县、赤水市、仁怀市风溪渡口红军四渡赤水纪念地；黔南州瓮安县、遵义市余庆县、遵义县和贵阳市息烽县乌江景区；黔东南州黎平县黎平会议旧址；印江县木黄会师纪念地；遵义市苟坝会议旧址）　2. 贵阳市息烽集中营革命历史纪念馆　3. 安顺市王若飞故居　4. 黔南州独山县深河桥抗战遗址　5. 铜仁市周逸群烈士故居　6. 黔南州荔波县邓恩铭烈士故居　7. 铜仁市石阡县红二六军团革命遗址（红二、六军团总指挥部会议旧址及陈列馆；甘溪红军战斗遗址；困牛山红军集体跳崖遗址）　8. 黔西南州史迪威公路晴隆二十四道拐遗址
云南省（9 个）	1. 云南红军长征红色旅游系列景区（曲靖市会泽县水城红军扩军旧址；昆明市禄劝县皎平渡，寻甸县红军长征柯渡纪念馆；丽江市玉龙县石鼓红军渡口；楚雄州元谋县龙街红军横渡金沙江渡口；昭通市威信县扎西会议纪念馆；迪庆州香格里拉县独克宗古城红军长征纪念馆）　2. 昆明市西南联合大学旧址、陆军讲武堂旧址、“一二一”纪念馆及四烈士墓　3. 普洱市民族团结誓词碑　4. 保山市龙陵县滇西抗战松山战役遗址及腾冲县滇西抗战纪念馆、施甸县抗战江防遗址　5. 边疆民族抗英纪念遗址（怒江州泸水县片马抗英遗址；临沧市沧源县班洪抗英遗址）　6. 昭通市罗炳辉将军故居及乌蒙回旋战旧址　7. 南洋华侨机工回国抗日纪念遗址（畹町桥、黑山门战斗遗址）　8. 怒江驼峰航线纪念馆　9. 保山市施甸县杨善洲精神教育基地（善洲林场第一代场部、善洲墓园、善洲小道、陈列室）
西藏自治区（5 个）	1. 西藏山南地区乃东县泽当镇山南烈士陵园　2. 拉萨市红色旅游系列景区（中央人民政府驻藏代表楼旧址；拉萨烈士陵园；青藏铁路拉萨站）　3. 日喀则地区江孜县宗山抗英遗址，康马县乃宁曲德抗英遗址　4. 昌都烈士陵园　5. 阿里地区噶尔县中共西藏工委阿里分工委旧址

续表

省、直辖市、自治区	红色旅游经典景区
陕西省（13个）	1. 西安市红色旅游系列景区（八路军西安办事处纪念馆，“西安事变”纪念馆） 2. 汉中市川陕革命根据地纪念馆 3. 延安市延安革命纪念地系列景区（延安革命纪念馆；枣园革命旧址；杨家岭革命旧址；王家坪革命旧址；凤凰山革命旧址；清凉山革命旧址；“四八”烈士陵园；洛川县洛川会议纪念馆；子长县瓦窑堡会议旧址；宝塔山景区；桥儿沟革命旧址；南泥湾革命旧址；中共中央西北局革命旧址；陕甘宁边区政府旧址；志丹县保安革命旧址；吴起镇革命旧址；中国人民抗日军政大学纪念馆） 4. 咸阳市旬邑县马栏革命旧址 5. 铜川市陕甘边照金革命根据地旧址 6. 渭南市华县渭华起义纪念馆 7. 榆林市红色旅游系列景区（米脂县杨家沟革命旧址；佳县神泉堡革命纪念馆；绥德县革命历史纪念馆） 8. 宝鸡市红色旅游系列景区（凤县两当起义纪念地；眉县扶眉战役纪念馆） 9. 陕南红军革命根据地系列景区（汉中市洋县华阳红二十五军司令部旧址；西乡县红二十九军军部旧址及红四方面军总后医院旧址；安康市汉滨区牛蹄岭战役遗址；商洛市商南县前坡岭战斗遗址） 10. 咸阳市泾阳县安吴青训班革命旧址 11. 黄陵县陕甘边小石崖革命旧址 12. 靖边县小河会议旧址 13. 富平县红色旅游系列景区（富平县青少年教育基地；八路军120师抗日誓师纪念地；渭北革命根据地交通联络站故址；康庄战斗烈士陵园）
甘肃省（10个）	1. 甘肃红军长征红色旅游系列景区（白银市会宁县红军长征会师旧址；甘南州迭部县腊子口战役遗址；陇南市宕昌县哈达铺红军长征纪念馆；定西市岷县岷州会议纪念馆；通渭县榜罗镇革命遗址；武威市古浪县红军西路军古浪战役遗址；俄界会议旧址和茨日那毛主席旧居） 2. 兰州市城关区八路军兰州办事处旧址 3. 庆阳市华池县陕甘边区苏维埃政府旧址 4. 张掖市高台县高台烈士陵园 5. 庆阳市环县山城堡战役遗址 6. 平凉市中国工农红军长征界石铺纪念园 7. 陇南市两当县两当兵变旧址 8. 酒泉市玉门油田 9. 张掖市山丹艾黎纪念馆 10. 甘南州舟曲特大山洪泥石流地质灾害纪念公园
青海省（5个）	1. 西宁市中国工农红军西路军纪念馆 2. 海北州青海原子城遗址 3. 玉树抗震救灾纪念馆 4. 果洛州班玛县红军沟革命遗址 5. 海东市循化县十世班禅大师故居
宁夏回族自治区（4个）	1. 六盘山红军长征纪念景区（固原市隆德县六盘山长征纪念馆；西吉县中国工农红军长征将台堡会师纪念碑；兴隆镇单家集红军长征遗址；泾源县老龙潭革命烈士纪念亭） 2. 吴忠市同心县红军西征红色旅游系列景区（陕甘宁省豫海县回民自治政府旧址；红军西征纪念园；豫旺堡西征红军总指挥部旧址） 3. 吴忠市盐池县革命烈士纪念馆 4. 银川市永宁县中华回乡文化园
新疆维吾尔自治区（8个）	1. 乌鲁木齐市八路军驻新疆办事处纪念馆 2. 乌鲁木齐市革命烈士陵园 3. 哈密市红军西路军进疆纪念园 4. 克拉玛依市克拉玛依一号井 5. 和田地区于田县库尔班·吐鲁班纪念馆 6. 巴音郭勒州马兰军博园 7. 伊犁林则徐纪念馆 8. 克州阿图什市赛福鼎·艾则孜故居
新疆生产建设兵团（4个）	1. 石河子市红色旅游系列景区（新疆生产建设兵团军垦博物馆；农八师周恩来总理纪念馆） 2. 农一师阿拉尔市三五九旅屯垦纪念馆 3. 新疆兵团系列景区（一八五团卫国戍边红色景区；兵团第十四师革命历史—屯垦戍边纪念馆；小李庄军垦旧址） 4. 新疆生产建设兵团第六师五家渠市军垦博物馆

资料来源：国家发展改革委，《全国红色旅游经典景区名录》，2016。

1.1.3　红色旅游对地方经济社会发展的作用

旅游者的消费活动涉及食、住、行、游、购、娱等诸多项目，因而旅游对于地区经济具有极大的带动作用。红色旅游资源多分布于偏僻落后的地区。我国的偏远山区和少数民族地区由于受到恶劣气候、复杂地形地势、国家政策缺乏以及科技创新能力弱等因素的影响，经济发展落后，人民生活水平不高。这些地区恰好可以借助红色资源优势，通过充分发展红色旅游，从而促进区域经济的快速发展。发展红色旅游在一定程度上可以加强偏僻落后地区的基础设施建设，基础设施的完善又可以提升这些地区招商引资的能力，进一步提高区域经济发展的实力。此外，旅游业是一个复杂的综合性产业，对不同层次的劳动力需求都很大，从而可以解决大量剩余劳动力的就业问题。发展红色旅游可以带动当地居民直接就业和间接就业，直接就业是指使当地居民从事酒店服务和管理等类型的工作，而间接就业指的是使居民参与到与红色旅游相关的农牧业和商业等活动中去，提高当地居民的经济收入。

因此，将红色旅游融入地方经济发展的进程中，使红色旅游能为地区经济发展注入新的动力，对于实现地方经济社会的全面和谐健康发展具有极其重要的作用。

1.2　旅游意象相关概念

1.2.1　意象

Boulding（1956）最早提出意象的概念，他认为意象是信念及对于特定对象的心态的总和，是产生于人的内心的心理图像；人类的行为除了受知识与咨询的引导之外，也是个人所知觉到的意象的产物。Boulding 进一步提出十个向度来考察意象的概念，包括：（1）空间的；（2）时间的；（3）关系的；（4）个人的；（5）价值的；（6）情感的；（7）潜意识的；（8）意象的确定向度；（9）意象的真实向度；（10）意象的公—私向度等。意象具有多元化的内涵和外延，在不同学科领域有不同的意义指向，在同一学科中的表义也是多样化的（胡立新，2002）。意象，英译为“image”，常又被译为心象、映像、形象等。意象是一种感觉中的环境印象，是人们对他所经历过的环境所建立的心理图象（刘沛林等，1998），当前，学术界关于意象的研究主要是基于心理学的视角。意象在心理学研究中与“心象”“心像”和“表象”词义相同。美国理论家 Wellek 和 Warren 在其合著的《文学理论》一书中提出的意象定义对西方理论界有较大影响，他们认为，在心理学中，意象一词表示有关过去的感受、知觉上的经验在心中的重现或回忆（郭昊羽，2004）；Palmer 和 Suggate（1996）从环境心理学的角度，认为意象是指物象与心意有机结合的意识感知，是通过人们对客观形象、景象、物象、事象的认知和感应，并结合自身主观的心理活动、情感活动，从而在大脑中生成的带有某种意蕴与情思并可被回忆的印记、映象；从认知心理学的角度，Rapports（1977）将意象定义为个体通过直接或间接的经验，对外界实况所产生的精神表现，是由许多特殊的元素整合而成。

此外，有些学者将意象引入地理学的研究中来，地理学意义上的意象是指人们通过感知获得的对空间的心智想象，是“人们对空间环境的主观印象”；意象在城市规划中是指“由于环境对人们的影响而使人们在自己生活的环境中形成的对城市的认知、感悟，并通过叠加后最终形成的对城市的整体印象、群体感知与共识”（顾朝林、宋国臣，2001）。

从意象的研究历程中可以看出，意象虽然已经被研究了 30 多年，但学术界至今仍未对其达成统一的定义。研究者往往倾向于将其定义为个体心目中对某一事物所拥有的信念、意见与态度。意象结构具有多层级和整体性的特征，同时会受到个人主观经验、社会文化背景及外界讯息的影响。

1.2.2 旅游意象

（1）旅游意象的概念。

旅游意象研究始于 20 世纪 70 年代，目前已成为旅游领域研究的一个热点问题。旅游意象对应的英文表达有两种：一种是 Tourism Image，另一种是 Tourism Destination Image。国内的译法有“旅游意象”“旅游目的地意象”“旅游目的地形象”，近似的说法还有旅游形象、旅游映像、旅游心象、旅游印象等（韩冬，2014）。

Hunt（1975）是旅游意象研究的先驱，为旅游意象研究奠定了基础，他认为旅游意象是人们对其居住地之外其他特定地点的一种印象。Embacher（1989）指出旅游地意象是游客的一种态度与偏好，也存在于旅游者主观性的知觉与目的地客观性的特征中。Schroeder（1990）则认为旅游地意象是游客对一个地区的印象或知觉，即游客对旅游目的地在心理上的描述。Bondi（1990）进一步完善了旅游意象的概念，指出旅游意象是游客心理上留下的印象，且是经历认知评估后的一种空间表现行为，包括个人在旅游目的地所获得的信仰、知识、经历和印象等（尹立杰等，2011）。此外，也有学者认为旅游目的地意象被认为是人们对于一个地方或旅游目的地的信念、观念、想象和印象的总和（Hunt，1975；Crompton，1979；Fakeye and Crompoton，1991；Gallarza，2002；Zhang，2014）。

（2）旅游意象对游客产生的影响。

旅游意象经过近 40 年的发展，已成为国内外旅游领域研究的重点命题。旅游意象是游客对旅游目的地的印象、知觉、偏好和主观想法的综合作用的结果，是游客通过对旅游目的地环境特质、旅游资源等的认知与体验而在头脑中生成的图像，这种心理图像会作用于游客的满意度，进而会影响到游客的感知、行为意向以及重游意愿（高楠等，2016）。因而，旅游意象在旅游领域中至关重要，应该得到学术界以及实业界的重视，只有对目的地城市的旅游意象进行科学、合理地评价，并对各类旅游要素进行有效地划分与排序，同时对其进行优化与提升，才能从整体上促进旅游目的地的可持续发展（赵安周等，2011）。

1.3 红色旅游意象的概念界定

红色旅游意象概念的界定对红色旅游意象要素的划分、排序以及整饰等都具有积极的指导意义。

当前，红色旅游意象还没有形成一个在学术界达成广泛共识的定义。在前述分析的基础上，本书将红色旅游意象定义为：游客通过在红色旅游目的地的经历在脑海里留下的印象和产生的意义，它是红色旅游景观、红色展品、旅游活动以及游客在红色旅游目的地获得的信仰和知识等共同作用的产物。红色旅游意象会对游客的满意度产生影响，进而作用于游客行为意向以及影响游客的重游意愿。

第 2 章

红色旅游意象的理论基础

2.1 城市意象相关理论

2.1.1 研究历程

国外有关城市意象的研究最早可追溯到 20 世纪初期 Bartlerr（1932）和 Head（1920）对意象和图示的概念的探索。40 年代，经济学家与社会学家 Firey（1945）、地理学家 Wright（1947）和心理学家 Tolman（1948）的研究都不同程度地促进了城市意象研究的发展，在人与环境的关系方面，他们都认同环境意象对人类行为的影响。50 年代晚期，Boulding（1956）开始以现代的观点运用“意象”一词，意象的概念逐渐进入心理学与社会心理学的领域。1960 年，凯文·林奇（Kevin Lynch）的《城市意象》（*The Image of the City*）一书问世，这本关于城市意象研究的著作，对于后世产生了深远的影响。在该著作中，林奇给出了城市意象的定义，认为城市意象就是居民对城市空间环境中的某些地区，经过长时间的观察、使用与认知而形成的记忆与产生的意义。林奇的相关研究极大推进了城市意象研究进程，他不仅提出了城市意象研究的个性—结构—意义的理论体系（见图 2－1），还通过对美国的波士顿、泽西城和洛杉矶这三个城市的调查，对城市形态与城市意象的关系进行了论述，并首次提出了城市意象的五要素，即道路、边界、区域、节点和标志物。之后，不少学者在林奇研究的基础上，对城市意象进行了更加深入的研究。例如，Appleyard（1970）通过对城市意象认知地图的实证研究，进一步细分了城市意象五要素，如将路径主导的认知地图划分为段、链、支和网四种类型。

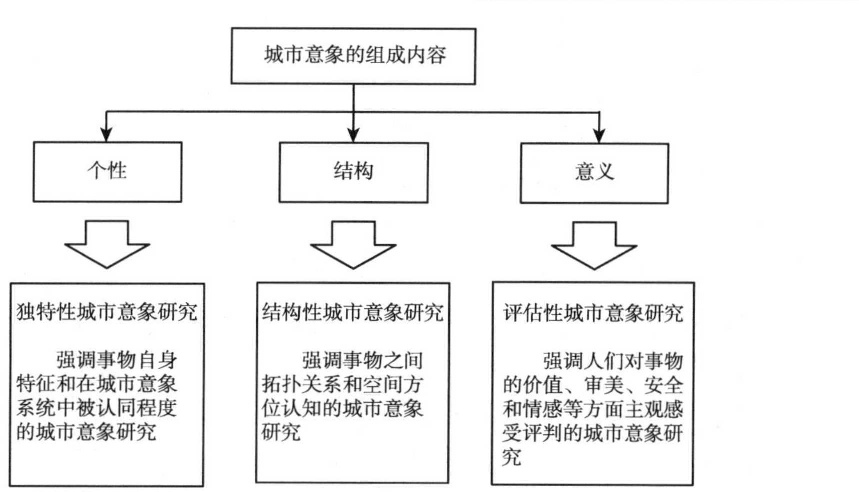

图 2－1　林奇的城市意象理论体系

参考文献：徐磊青．城市意象研究的主题、范式与反思——中国城市意象研究评述［J］．新建筑，2012（1）：114－117.

国内的城市意象研究要晚于西方，关于城市意象的研究大约起步于 20 世纪八九十年代。最早的文献是徐放（1983）以赣州市居民为调查对象，探讨了居民头脑中的“主观环境”。顾朝林（2001）通过认知地图的方式研究了北京市的意象空间，发现北京市的意象空间以天安门为中心，沿主要道路网状分散开来，居民对于城市的意象有趋同性，即“公众意象”。此后的相关研究文献层出不穷，表明有越来越多的研究者投入城市意象的研究中来。

2.1.2　城市意象五要素的研究

城市意象五要素是城市意象研究的重要内容。凯文·林奇（Lynch K.）最早论述了城市意象的五要素，即道路、边界、区域、节点和标志物。

（1）道路。道路是游客主要的流转区域，是观察者的移动通道。道路本身的性质，如宽窄、长度、命名等，会反映出这个城市的规模、繁荣程度等信息。同时，道路两旁的建筑物、植物等风景，是路过的游客主要观看的对象，这些风景的形象对于游客的印象有很大的影响。人们在道路上前行，道路两旁的风景在脑海里不断积累，最终形成了城市的意象。由 Jane Jacobs 撰写的 *the Death and Life of Great American Cities* 一书中，就对于道路有深刻的描述：“当我想到一个城市时，首先出现在脑海里的就是街道。街道有生气城市就有生气，街道沉闷，城市也就沉闷。”尤其对于陌生人来说，对于一个城市的最初印象主要是来自道路，通过道路来深入这个城市的每一个角落，并把道路当作参照，进行定位和识别（Jane Jacobs，1961）。

道路有三个重要的属性：方向性、识别性和连续性。方向性标识了起点和终点，让人们知道这条路从哪来，到哪去。当人们走上道路时，他们就已经选定了目标和方向。同时，未知的目标和方向也能激发人们的好奇心，去探索这条道路究竟去往哪里，在那头又有怎样的风景。识别性即道路的特点，如果每条道路都是一模一样，那人们就会容易混淆道路，无法区分不同的地点，同样也不会分辨两个不同的城市。道路的连续性不仅是本身的物质属性，也是人们对于道路依赖的情感属性。如果一条道路失去了连续性，那人们也不会将它当作道路，它本身也不是道路了。

（2）边界。边界区分了城市的范围与附近其他区域，同时将城区包围起来，限定了城市的范围。边界分为自然的边界和人为的边界。自然的边界可以是山川湖海，森林岛屿。例如，黄浦江将上海一分为二，分割为浦东浦西的不同景致；又如，以赣江为界，南昌的城市布局分为东侧的老城区与西侧的新城区；再比如，受地形与河流的限制，重庆发展出了五大商圈。人为的边界可以是桥梁、道路、港口，甚至是一道围墙，或是几个人为设定的分割标志物。如辽宁的铁岭市，就以铁路为界，划分出了铁东、铁西区。

那些城市与外部环境的分界，便形成了城市的入口。这些入口可能是突然耸立的高楼、城市入口的欢迎标语、进入城区的大桥等。在这些边界的两侧，城市与乡村的不同发展产生了巨大的差异。

边界一方面分割了不同的景致，另一方面这些边界本身也会成为景观。这些充当边界的河流湖泊、公园树林，很多便成了人民休闲娱乐的场所。这些被分割的区域，不仅在视觉上打破了连续，给予视觉的冲击，同时也会在心理上对游客造成差异感，这种不同形象的交互，或是产生新感受的迸发，或是带来巨大差距的震撼。

（3）区域。区域给人以范围上的包围感，让人有“进入”的感觉。区域在其内部具有一致性，在一片范围内的景致，进行大量的重复，会给游客造成视觉上的冲击，留下深刻的印象。这些特定的纹理、结构、标志、形式也体现了这片区域的功能，如充满规律住房结构的居民区、店铺与步行街交叉的商业区、树林绿地景观点缀的休憩区等。同时，这些规律的布置形式也可以用来宣传特定的主题，达到宣传的效果，吸引外来的游客。

区域和边界是密切联系的。边界为区域划分了范围，或是区域的发展形成了自然的边界。但是，有些边界模糊不清，区域互相渗透交互，而有些边界甚至阻碍了区域的发展，如自然地形的阻碍。

（4）节点。节点是游客集散的关键点。在节点上，游客可以自由选择下一步前进的路径，或是在节点进行休息和放松。如机场、车站等节点，作为游客选择的地方，需要提供完善的信息来为游客的选择做基础，同时这些节点的景观也会很容易影响游客对城市的第一印象。而市民广场、人民公园等节点，便是游客休息的场所。在这些节点上，外来的游客会与本地的居民有很广泛的接触，这些广场开阔的视野，广场上人们生活的百态，又会让游客更深入地了解这个城市。但节点的划分也有不同的标准，如以全国的区域来看，一个城市也能看作一个节点。

“一花一世界，一叶一菩提”。一个节点也可以是一座城市的凝练，让人能以小窥大。现代建筑的开创者阿道夫·路斯（Adolf Loos）曾说：“即使一个绝种的民族除了一颗纽扣之外没有留下任何别的东西，我也能从这颗纽扣的形状上推断出这个民族的人们是如何穿戴，如何建房，如何生活，以及他们有什么样的宗教、艺术和精神状态”（张鸿雁，2004）。因此，优秀的节点应该是城市文化的凝聚，能在集中的范围内给予观察者最充实的感知。

（5）标志物。标志物很多时候是方向和位置的参照，人们可以依靠它来确定自己的位置。这些标志物在城市里占据了独特的视野，或是宽阔，或是高峨，或是雄奇，或是新颖，人们可以从热闹繁杂的城市建筑群中一眼识别这些标志物，或是它们凸出于城市之上，无论从哪个角度来看，都能看到它的形象。

很多的著名标志物凝聚了整个城市的意象。一方面，它可以作为城市里特定区域的景观中心，或连结焦点，以它为中心可以设立相配合的景观设施或配套服务。巴黎的凯旋门就是一个经典的布局形式，在第二帝国时期，奥斯曼市长进行了巴黎的大改造工程，以凯旋门为中心，修建了 12 条放射状的街道。这次毁誉参半的大改造最终为巴黎带来了更多的欣赏和赞美，它不仅把凯旋门、罗浮宫和香榭丽舍大道链接起来，串联了沿线的无数名胜古迹，而且它延续了法国的精神，将拿破仑时代的辉煌历史永远地定格在城市的版图之中，使这段历史传奇与城市的发展交相辉映，流芳百世。另一方面，著名标志物会演变为城市的符号，在对外宣传时，也提高了整个城市的知名度。例如，北京的紫禁城，象征了静穆的严肃与无上的权威，更能体现其政治中心的地位；又如，上海的东方明珠电视塔，象征了上海市连接世界，发散全国的开放性，世界性特点。

城市意象的五大要素既是互相独立也是互相影响的，或是相互组合，或是互相矛盾，但它们最终构成了城市的意象整体，形成了人们对于城市的认识。但是学术界对城市意象的五要素研究方法依然存在争论。汪原（2003）分析认为，五要素理论把人对城市的理解简单概括为人对物质形态的知觉认识，这并不能体现人在对环境感知中的主观能动性，同时这种局部分析的概念也会破坏城市的整体性，甚至对于人的心理也会产生隔阂。凯文·林奇本身也意识到了这个问题，在1984年，他又出版了《良好的城市形态》（*Good City Form*）一书，这次，他不再强调五要素这样的可识别性，而是用“感觉”来衡量城市行为，识别性则成为感觉的一种。同时，他认为：“对于大多数居民来说，对于道路的识别是次要的，而且过于强调秩序会忽略城市形态的模糊性、神秘性和惊奇性”（Lynch K.，1960）。此后的研究者在林奇的理论基础上进一步优化和改善，一方面是以心智图为基础进行研究，另一方面是注重探究社会文化差异对认知的影响。

2.1.3 我国城市意象研究的主题

通过对国内城市意象研究的文献分析，可归纳出我国城市意象研究的三大主题（徐磊青，2012）。

（1）有关城市意象空间结构与城市意象构成元素的研究。胡正凡最早对城市意象做了定量研究。他以清华和华中理工（现名为华中科技大学）的校园为研究对象，对两者进行比较分析，发现两校的意象空间结构各具特色，但都以建筑物和道路为主要格局（林玉莲、胡正凡，2000）。李郁和许学强（1993）通过调查问卷的方式分析了广州市的城市意象尺度，发现珠江在城市结构的参考中占据重要作用，与其他的著名地标相互协调，构成了清晰的城市意象空间结构。林玉莲（1991）用同样的理论对武汉市的城市意象进行了研究，发现长江和长江大桥是最主要的城市节点，居民对于方向的感知主要依靠水道而不是靠地理方位。费一鸣等（2008）以苏州为案例解析了苏州市的意象构成元素，发现大部分人以组团式的结构来组织对苏州的印象。

这些研究都是基于统一的理论基础，在不同的城市区位进行的实践，其研究结果大都相似，而且在实践中，也会导致规划设计的大同小异。对于林奇五要素的理论一直有批判的声音，认为五要素平面化了城市，疏忽了其他方面的意义。同时，固定的分析模式也限定了人们对于城市的认知渠道，而很难去探究每个城市的独特意象。

（2）有关城市意象与城市特色的研究。人们的主观能动性为城市赋予了不同的印象感受，同样的实体事物可能会给人留下不同的印象，这些超脱于实际事物的意义正是被林奇所忽略的。沈益人（2004）认为，图示结构的抽象丢失了城市文化相关的信息，只存在方向指认的功能。因此，他提出了城市意象的新分类，从大体上分为“空间要素”和“非空间要素”，“空间要素”内部可进一步细分为“一般性空间要素”和“独特性空间要素”。林奇的五大要素便只是“一般性空间要素”中的内容。

对于城市图特性的研究，较早的有胡正凡（1986）对华工和清华校园的分析，发现华工的校园以绿化为特色，清华校园以历史意义的建筑为特色。蒋晓梅等（2001）对于台南市的研究又更进了一步，对居民意象因子进行了重要性的排序：“①古迹；②公园绿地；③特殊建筑物；④广场、传统美食、民俗活动、水域资源；⑤重要道路；⑥交通节点、地标”。杨健等（2007）对长沙市的城市意象因子进行了分析和排序，最后总结为五大类：“①实态性空间与特殊建筑群；②城市绿化系统；③特殊文化遗产与古迹；④整体水域；⑤城市地标等”。杨俊宴等（2009）对无锡市景观意象的研究发现，靠近自然山水的地方景观要素较为明晰。如惠山和太湖附近，在缺乏自然山水资源的地方，城市景观就比较模糊。张磊（2008）对吉林市的意象进行了研究，并建立了吉林城市的宏观意象模型：“松花江为主导，周围自然山体为边界，组团式空间布局以及类方格网状道路系统”。增加了对地方特色的研究后，各城市的不同性质便得到了体现，这对于一个城市的整体规划都有指导的价值。但这些特色都局限于实体建筑设施的部分，并未探究城市意象中非实体的部分，如活动、文化、民俗风情之类。

（3）有关城市意象的评估研究。城市意象的评估研究相较于前述两种研究带有更多的人本主义色彩，在评估中较多地考虑到了人的感受。目前主要的评估方式有：意象元素的偏好评估、城市污点和亮点、意象因子的评价等。李雪铭等（2006）对大连市的意象进行了等级打分，发现了城市意象的两个主要成分，其一为自然环境构建的空间情景；其二为各具形态色彩的建筑实体，并发现空间情景的得分更高。赵青等（2007）研究了太原市的城市污点和亮点，通过对居民的调查发现，“城中村”是排名最高的污点，而在污点中排名第二的火车站，在太原市标志性建筑物的排名中却是第一。这份研究对于城市的污点拥有比较精确的反映，对于设计改进有较高的参考价值。冯维波等（2006）开展了对于重庆主城区的意象研究，先安排专家筛选出了 8 个大意象因子和 120 个意象元素，然后由市民将其排序，研究结果发现，文化遗产、广场与古迹等意象因子的印象程度较高，品质较好；标志性建筑物、公共绿地等因子的印象程度高但质量较差。杨健等（2007）对长沙市的城市意象研究发现，“特殊文化遗产与古迹等元素的保护工作处于两个极端：或者具有强烈的意象作用，或者市民们基本上不知道它们的存在，整体水域的品质偏低”。当城市规划设计时，可以根据这些因子的评价结果来进行有针对性的改善。

总体上，国内对于城市意象的研究已经有了大量的研究积累和一定的研究深度，理论上结合我国本土的实际进行修正，方法上从定性描述逐渐转向定性分析与定量分析相结合。本书主要借鉴城市意象的相关理论和研究方法对红色旅游意象问题展开研究。例如，在设计红色旅游城市意象量表体系时考虑城市意象五要素的研究思维，在探讨红色旅游城市意象空间结构时采用了认知地图的分析方法等。

2.2 环境心理学相关理论

2.2.1 研究历程

环境心理学（environmental psychology）起源于 20 世纪 60 年代。第二次世界大战结束以后，世界人口迅速增长，经济的快速发展在推动社会不断前进的同时，对自然界的资源索取也在不断增加，过度开发和环境退化等问题逐渐开始凸显，这引起了社会和学者的关注。例如，Ehrlisch（1968）的《人口炸弹》和 Hardin（1968）的《公共资源的悲剧》都聚焦了当时人口和环境的激烈冲突。正是这样的历史背景，为环境心理学的孕育提供了现实基础。

第二次世界大战以后，心理学的研究也发生了重大的进展。以“社会心理学之父”库尔特·勒温（Kurt Lewin）为代表的心理学家们，在社会心理学的理论与实践上都做出了巨大的贡献。当时提出的“心理场论”（field theory）和“生活空间”（life space）等理论，被勒温的学生巴克（R. Barker）等人发展成为一种系统的生态心理学研究，这为最初的环境心理学奠定了理论基础。

第二次世界大战后，环境心理学的发展主要在美国。1969 年，《环境与行为》杂志在美国创刊，标志着环境心理学的兴起。此后，美国心理学会策划了“心理学、家庭计划和人口政策”的研究项目，这不仅促成了“人口与环境心理学”分会的设立，也大力推动了环境心理学方面的研究和发展。4 年之后，该项目完成最后的报告，获得了美国心理学会的通过，并在 1974 年将“人口心理学”（Population Psychology）设为美国心理学会的一个正式分支。该分支在 1978 年出版了自己的专业杂志《人口、行为、社会和环境问题杂志》。

1972 年，联合国在瑞典的斯德哥尔摩举行第一届国际环境保护会议把环境保护列为人类亟待解决的问题之一，环境心理学的发展开始受到国际的关注，并逐渐走向成熟。在国际上，德国、日本等国家相继召开会议，创办杂志。在美国，环境心理学的两位主要代表人物柯雷克（Kenneth Craik）和斯托克斯（Daniel Stokols）分别于 1973 年和 1978 年在《心理学年鉴》上发表了以“环境心理学”为主题的文章，标志着“环境心理学”正式成为心理学的一个分支领域。1979 年，*Journal of Environmental Psychology*（《环境心理学杂志》）的创刊标志着欧洲的环境心理学研究也加入了世界的潮流。1987 年，斯托克斯（Daniel Stokols）等 68 位从事环境心理学研究的专业学者编写出版了《环境心理学手册》，他们把有关的研究分为 6 个基本领域，使之形成了完整的环境心理学理论体系。这部巨著“被看作环境心理学发展中的一个里程碑，同时也是环境心理学成熟的标志”（刘建新、高岚，2005）。

回顾我国的环境心理学研究，自 20 世纪 80 年代以来，基本处在对国外的引进学习和模仿上，到 1995 年才正式成立中国环境建筑心理学会，现更名为中国环境行为学会。目前为止，我国关于环境心理学的研究文章还比较少，而且研究方向主要集中于建筑与城市规划领域，在其他的方向显得比较薄弱。而在研究方法上，对理论的探索多于对实证的研究，这不利于实际问题的解决。

纵观环境心理学的历史发展，Enric 将环境心理学的发展大致划分为五个阶段：第一阶段是从 20 世纪 40 ~ 50 年代开始，当时人们关注的重点是物理环境的非专业概念及其评价的研究；第二阶段是第二次世界大战后，随着建筑物修造技术的提高，建筑心理学的理念开始萌芽发展，人们开始意识到环境变量对人心理的影响；第三阶段是 60 年代末到 70 年代初，环境污染的严重问题进入了心理学家的视线；第四阶段是 80 年代后，新能源和新技术的不断创新使用，为人类带来便利的同时也在改变着人们的生活，此时的环境心理学又进入了一个新的阶段；最后一个阶段是此后直至当下的 21 世纪，全球化的发展趋势也导致了犯罪和冲突的全球化，全世界的语言、宗教等文化因素互相影响交互，人们的生活环境也变得复杂多样，此时的环境心理学发展又有了新的主题（P. Enric，2006）。

2.2.2 基本理论

查尔斯（Charles Vlek，2005）将环境心理学的研究划分为七个部分：人对环境的感知与评价；环境研究中的个体认知与动机因素，以及社会因素的影响；环境危险感知与生活质量；可持续发展行为与生活方式；改变非可持续发展行为模式的方法；公共政策制定与决策；个体与生物、生态环境系统的关系——环境保护心理学。

根据吕晓峰（2011）的划分，环境心理学有三个基础理论模型：

（1）“人—环境一致性理论”（theory of person - environment congruence），即“人—环境适宜模型”（person - environment fit model），它研究了人类对环境要求的反应与环境对改变人类能力的关系。人们由于需求和认知的局限，对于环境会产生错误的知觉，而该理论不仅有助于帮助分析这种错误知觉的形成，而且可以作为一种“治疗”工具，通过改变人类主体或自然客体，来达到人与自然和谐一致的效果。

（2）透镜模型和生态知觉理论。“透镜模型（lens model）理论”由 Egon Brunswik 提出，他认为人类无法直接感受到自然，必须借助介于外部事物与内部直觉的“介质”来获取信息。但人类又会局限于自身的知识与经验水平，因而无法对世界有个完整正确的认知，所以该模型强调人后天的不断学习和经验积累（见图 2 - 2）。

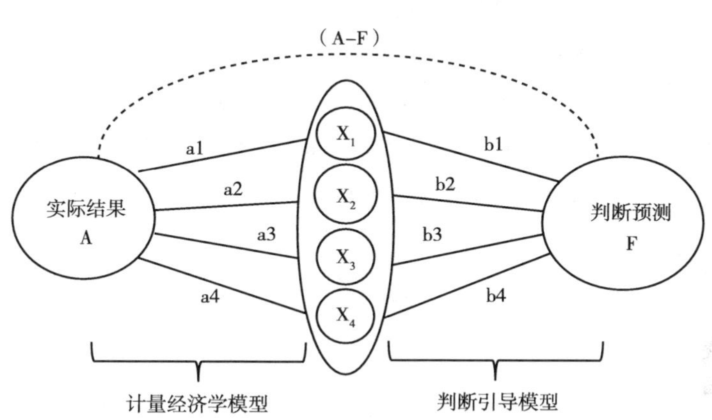

图 2－2　“透镜模型”示意图

由 James J. Gibson 提出的生态知觉理论（ecological theory of perception）与 Brunswik 的理论观点正好相反，他认为人类直接地接触和感受这个世界，因此环境知觉的关键在于发现和利用对象的功能。两者的理论看似相对但也有一致性：“强调对现实环境整体取向研究的重要性以及其与知觉环境的一致性”，他们的观点在环境心理学研究中有重要的意义。

（3）Daniel Stokols 提出的“人—环境交互作用模型”（modes of human－environment transaction）分为两个基本的维度：交互作用的认知和行为形式、交互作用的作用和反作用阶段。将两个维度的分类两两匹配，也就获得人—环境交互作用的四个模型：解释的（认知、作用）、评价的（认知、反作用）、操作的（行为、作用）和反应的（行为、反作用）模型（Daniel Stokols，1978）。其中，解释的模型涉及人们对环境的认知和环境对人的影响；评价的模型涉及人们对环境态度和环境的评价；操作的模型涉及人类活动对环境的直接影响；反应的模型涉及环境对人类行为和幸福感的评价。

2.2.3　研究的新发展

伍麟（2006）根据目前国内的社会发展形势，分析了当代环境心理学的研究主要有三个重要发展领域：

（1）互联网环境心理学。快速发展的计算机技术让互联网渗透进了人们的生活，虚拟的社区环境在现实自然环境的基础上，为人们营造了一个崭新的生活空间。不同于自然的世界，虚拟世界的环境更加丰富多彩，人们置身其中时的心理状态也会有所改变。Daniel Stokols 也在 2017 年的秋季，发行了他的新书 *Social Ecology in the Digital Age*：*Solving Complex Problems in a Globalized World*，其涉及了全球化发展背景下，数字时代的心理学问题探究。

（2）社区环境心理学。科学发展的目的是更好地造福人类，提高生活质量，使生活更加健康。同样的，环境心理学的发展也在为促进生活条件的改善做出自己的贡献。从中国知网的检索结果来看，国内近 5 年的环境心理学研究主要还是在建筑规划设计方面的运用。一开始是城市广场与大学校园的规划居多，到近两年，一般的建筑室内设计、民宿设计、古村落环境保护等方面的研究开始增多。环境心理学越来越关注生活社区的细节问题，从日常生活中寻找研究的方向。

（3）休闲环境心理学。随着社会节奏加快，人们平时承担的工作和生活压力增大，渴望休闲；随着生活水平提高，人们不再满足于普通的休息，而需要高质量的休闲；随着文化教育的发展，人们对于休闲有不同的理解，开始追求各种各样独特的休闲方式。环境心理学的研究也开始涉及城市公园、海滨浴场、广场舞空间、博物馆等大众休闲场所。

王珊珊（2008）以文献为基础，分析归纳了国外最新的研究领域关注的方面有：①居住与社区的环境行为研究，主要包括：移民与自身文化的冲击、居住在时间变量下的变化、性别与经济因素在于差异环境的行为变化与社区居民参与社区环境营造的历程等；②公共空间的环境行为研究，避免犯罪空间的产生与提供公众一个舒适的公共空间；③工作与组织的环境行为研究，其基本理论基础是 Lawton Nahemow 的工作能力压力模型；④环境与行为的互动方面研究，着重探讨环境设计中，环境心理的空间结构与真实、虚拟环境的互动差异等。此外，环境态度（environmental attitudes）、自然环保心理学（green psychology）、环境关怀（environmental concerns）、老年社会的环境设计等方面也受到了一定的关注。

从国内外的研究发展状况不难看出，环境心理学的研究越来越深入人们日常生活中，除了家庭环境外，还有娱乐休闲的公共场所。这些娱乐休闲的场所，大一部分即旅游的区域。以环境心理学为基础，集合城市意象的研究，探索人们对于游玩区域的心理感知，从而更好地评价现有的发展建设，同时也有助于对新景区的开发与规划研究，让景区的设计更符合游客的心理需求。

2.3 行为地理学相关理论

2.3.1 研究历程

20 世纪 60～70 年代，人与自然资源的冲突为人文地理的发展导入了新的课题，“行为地理”的概念在 60 年代后期开始出现。

赫维人（1987）以美国华盛顿大学约翰·劳维和艾尔德·彼得逊合著的《综合人文地理》（*Human Geography An Integrated Approach*）为基础，在他所撰写的《行为地理学评述》一文中阐述了行为地理学发展的背景和意义。他认为，传统的地理学主要从横纵两个系统来研究，纵向分为自然地理与人文地理；横向是研究各分支的统一规律，或者以区域为基础的研究。20 世纪六七十年代的经济快速发展在改变人们生活的同时，也改变了人与自然的关系。一方面体现在自然界对于人类的限制作用大大降低，另一方面体现在人类的活动对自然界产生了干预和反作用。总体来说，是人与自然的依赖关系更加深刻了。面对这样的世界发展形式，传统的地理学显得片面而不实用，新的局势要求地理学的研究能缓和或改善人与自然的关系，预测今后的发展，用以指导人类的行为活动。

20 世纪行为地理学的发展历史，可大致分为以下三个阶段（孙峰华，1990）：

（1）萌芽期。是指 20 世纪初到第二次世界大战以前的这一段时间。这一时期的研究主要依靠行为科学的发展，研究内容还只是简单地对行为模式和环境感应的分析。

（2）初建期。主要是指第二次世界大战后到 60 年代。当时美国加利福尼亚大学的地理系教授索尔已经对行为地理和感应地理做了系统的研究，他在 1941 年发表的《历史地理绪言》中便提出了相关的研究问题。之后，W. 科克在《地理学若干问题》这篇文章中把“格式塔”心理学理论运用到了地理学领域，并推动解决了行为研究中本质这一中心问题。

（3）发展期。是指 20 世纪 60 年代以后的阶段。该时期，“计量革命”的大肆推崇没能创立出足够清晰权威的数学模型来解释社会，学者们不得不放弃对于数学模型的探索，转向理论模型的研究。例如 J. 索南菲尔德便提出了研究环境的四个水平层次：地理层次、作用层次、感应层次和行为层次。1969 年，K. Cox 和 R. Golledge 两位人文地理学者共同出版了《通论行为地理学问题》（*Behavior Problems of Geography：A Simplism*）一书，奠定了行为地理学的基础，“标志了行为地理学的发展已经从量变到了质变的飞跃”（覃志豪，1983）。

我国的行为地理学研究对人类行为的正面研究起步较晚，早期的研究主要是对国外的学习和模仿。改革开放以来，经济的快速发展使人民的生活追求不断提高，个人的主观能动性催生了多样化的生活方式，社会的发展需要行为地理学对于人类的关注，来改善人民的生活质量，满足人民的需求。进入 20 世纪 90 年代，传统的人文地理研究表现出了越来越多的局限性，以人为本的人文地理学研究范式逐渐形成。2005 年，由多名城市地理学、城市交通学的学者组建的“空间行为与规划”民间学会成立，并成功举办了十二次空间行为与规划研究会会议，不仅吸引了越来越多的高校和科研院所的学者，也吸引了不少城乡规划领域的学者，标志着我国行为地理学的研究进入了一个新阶段。

2.3.2 基本理论

行为地理学研究的基础理论可划分为实证主义、人本主义和结构主义三类（吕晓峰，2013）：

（1）实证主义（positive）的研究或是标准模式法。代表有杜能的同心圆理论。这种研究手法的假设前提是最大利用（utility maximization）和独立性（independence）。该理论认为，人的决策行为是独立自主不受其他因素影响的，且人的决策目的是要让自己获得的利益最大化。

实证研究主要通过提前设立假设来进行对目标的探究，通过验证或推翻原假设的方法来不断优化假设模型，最后得到一个通用的模型。对于人的偏好或观念等不确定的因素，它虽然提出了“黑盒子”的假设，但“黑盒子”所提供的选择也是有限的，并不能完全反映现实的情况。因此人本主义坚持反对实证主义，认为其研究是不规范的科学。

（2）人本主义（humanistic）的研究或是行为地理法。该理论认为，人们在空间环境里希望得到的东西不是一件，而是多件，即人的欲望目标是多种多样的（multiple goals）；人们对影响其决策的因素并不完全知道（imperfect information），但决策是不受他人影响的。该理论开始意识到人的欲望是多层次的，但依然坚持决策的独立性。

人本主义的研究已经开始注意到了个人思维的重要性。每个人的经验、知识、态度、偏好都会影响他的决策行为，也会赋予他身边环境不同的理解。所以人本主义的研究反对用统一而标准的模型来解释每一个人的行为，而是希望通过对每个对象的客观存在进行分析，在人与环境的联系中，考虑到心理作用的影响，然后再进一步辨别。但其研究没能充分重视个人的主观能动性，所以仍然存在一定的缺陷。

（3）游戏理论（game theory）或是结构马克思主义（structural Marxist）的研究。它以相互依赖性为假设前提。该理论认为人的决策行为是受到各种条件约束的，如人本身的知识与经验的限制、社会道德与法律的约束和人与人之间的约束等。该理论较为全面地考虑到了人在现实生活中的决策会遇到的各种情形。在此基础上，Allem Pred 提出了“时间地理”（time geography）的概念，即“个人在空间环境里受到一系列条件的约束之后，表现出来的行为（活动）随着时间的变化过程”。

结构马克思主义认为个人的选择完全取决于社会的影响，即社会存在决定社会意识。在结构马克思主义研究者看来，实证主义和人本主义只能解释表面的现象，不能从根本上说明行为产生的原因，从而来指导行为地理学研究在现实生活中的实践。因此，结构马克思主义对于行为地理学的研究，还需要垂直研究其社会的发展，来探究某些现象产生的深刻原因；而游戏理论“比较接近现实情况”“代表着八十年代行为地理学的发展趋势”（覃志豪，1987）。

2.3.3　研究的新方向

当前，西方行为地理学研究出现了三个新的方向（柴彦威、颜亚宁，2008）：

（1）空间认知过程与行为。该方向不同于传统对于空间的数学分析，而是考查人与自然的信息联系，包括信息传输过程中的“扭曲研究”，还有大脑对于空间信息的识别。该理论的实际应用方向主要涉及探路、导航和残障支援等方面。

（2）日常生活空间行为，该研究的主要对象是理解习惯行为或反复行为。心理学家 Gibson（1986）提出了“供给”（affordance）理论，他认为个人在空间中的行为并不依靠认知地图，而是由周围环境自身的不断转换来引导的。“日常生活空间的研究视角不仅有利于整合能动和制约的两个纬度，有助于发现行为与环境之间的真正逻辑关系，而且将空间视为被个人赋予意义的有机体”，为地理学研究增添了人本主义的色彩（柴彦威、颜亚宁，2008）。

（3）行为决策模型。行为地理学与日常生活的联系愈加紧密，由此催生了对更加精确模型的需求。地理学的研究基于 GIS、GPS 等科学技术的支持，又衍生出了结构方程模型、生存模型、规则模型等。这些模型在城市的规划交通、土地利用方面都发挥了不小的作用。

我国的行为地理研究仍然处于传统经验主义研究的阶段，应在学习西方现有的理论与方法的基础上，将研究的视角从“空间行为”（spatial behavior）转向“空间中的行为”（behavior in space）和日常行为，由现实行为转到虚拟行为（方创琳、周尚意等，2011）；同时，还应认识到认知地图研究在行为地理学研究中的中心地位。目前国内的认知地图研究还比较局限，需要借鉴国外的理论来进一步拓宽视角。在方法上也要多运用正面实验性研究，利用好现有的科学技术（柴彦威、塔娜 2011）。

在行为地理学的领域中，认知地理一直是研究的重点。人的主观能动性决定了人在人地关系中的重要作用，所以要研究人在环境中的行为，必然要先研究人在环境中的思维。行为地理通过把心理学的行为和知觉概念引入地理学范畴，对人类的感知与认知进行研究，其中就包括有对人在环境中的思维的研究。

第 3 章

红色旅游意象的研究方法

3.1

红色旅游意象研究的方法体系

量化研究（quantitative research）和质性研究（qualitative research）是研究方法的两个构面。在参考相关文献的基础上，本书将红色旅游意象研究方法分为质性研究和量化研究。质性研究的目的不在于验证或推论，而是在探索深奥、抽象的经验世界的意义，在研究过程中非常重视被研究者的参与和观点的融入；同时，质性研究比较不重视数学统计的分析程序，转而强调借由各种资料搜集方式，全面完整地搜集相关材料，并对研究结果做深入诠释（徐宗国，1998）。量化研究则强调采用演绎式的研究思路，强调用数据说明问题，从而证明和否定某些因果联系，研究程序为较为固定的模式，使用大样本（柴彦威，2005）。两种方法在研究中具有各自的侧重点（见表 3 – 1）。因此，将两种方法结合起来，才能更好地对数据进行加工处理，从而有望在研究中取得科学而有说服力的证据。

表 3 – 1　　　　质性研究与量化研究的比较

项　目	质性研究	量化研究
研究目的	对于不太清楚的社会文化现象做出解释性理解，以提供深入研究的线索和理论雏形	对于已知的社会文化现象做出更为精确的描述或预测，以期达到利用或控制的目的
研究导向	采用归纳式的研究思路，强调研究的深度，研究程序富有弹性，允许使用小样本和个案	采用演绎式的研究思路，强调用数据说明问题，从而证明和否定某些因果联系，研究程序为较为固定的模式，使用大样本

续表

项　目	质性研究	量化研究
研究情境	深入具体的社会情境，努力不造成干扰或破坏，使被观察者的社会现象更真实表露	控制研究对象所属的情境，以期得到研究者希望发生的现象或行为
研究者与被研究者的关系	参与式，强调两者的沟通和接触	价值中立原则，强调研究者的控制主导地位
基本方法	观察、访谈、资料的二次分析	调查、实验

资料来源：张汉．质性研究与量化研究是截然对立的吗？——社会科学研究中的本体论和认识论辨析［J］．国外理论动态，2016（5）：47－57.

本书主要讨论红色旅游意象研究中常用的几种质性与量化研究方法。

3.2 质性研究方法

（1）文献分析法。文献分析法是指通过收集、鉴别和整理文献，对文献进行研究，进而形成对事实的科学认识的方法。文献分析法是一种经济而有效的信息收集方法，通过对现有的与研究有关的文献进行分析来获取相关信息。

本书主要通过对国内外有关红色旅游及旅游意象研究的文献综述分析，确定本书的选题，把握本书的前沿领域，同时为本书确定研究方法和理论的基础。

（2）行动观察法。行动观察法是根据研究的需要，调查者有目的、有计划地运用自己的感觉器官或借助观察工具，对空间环境的使用者处于自然状态下的行为活动进行观测而获取数据的方法（戴菲等，2009）。为了得到统计分析的定量数据，采用行动观察法时需要对观察的结果进行记录。常用的记录方式有观察记录表、调查图示、拍照摄像等（戴菲等，2009）。

本书主要采用观察记录表的形式记录旅游者的性别、年龄等基本属性，主要活动状况，调查的时间、地点、人员等附属信息。

（3）实地调查法。实地调查法主要用于自然科学和社会科学的研究，其最重要的研究手段之一就是参与观察。田野调查必须做好充分的准备，包括选择调查点、熟悉调查点相关情况、设计调查提纲和表格、收集相关信息等，否则难以获得理想的成果。

本书通过问卷调查，获取旅游者对南昌市红色旅游意象的第一手资料；通过深度访谈，了解旅游者对南昌市红色旅游意象的认知、评价与感受；收集了大量关于南昌系列红色旅游景区方面的资料。

（4）认知地图方法。认知地图法是使用某种工具材料，在纸上或图上将空间意象记录下来的方法（戴菲、章俊华，2006）。认知地图包括多种调查方法，如在白纸上直接描画的方法，也包括在提示图（地图、简图等）上标记的方法，还包括介乎它们之间以图来表现的种种调查方法。如果是把握空间认知程度的研究，则最好不提供实体空间的信息，因为该类调查是为了捕捉人们对环境的内在认识；与此相对，把握喜好、评价的研究，基于明确实体空间与意识空间的关联性，所以尽可能提供实体空间信息是不可或缺的条件（戴菲、章俊华，2006）。

本书要求受采访旅游者不要参考任何资料，凭记忆快速画出所在城市的红色旅游景区（点）的分布图，所画范围不限，内容尽量详细，并在认为重要的地方标明文字，来获取旅游者的认知地图，并以此为基础，进一步分析旅游者心目中所呈现的公众红色旅游意象。对于旅游者红色旅游意象评价的研究，则主要通过问卷尽可能提供实体空间信息，并让旅游者对其进行勾选的方式进行。

3.3 量化研究方法

（1）统计分析方法。近年来，统计分析方法被越来越多地运用到旅游研究中。该方法通常与问卷调查法配合使用，即通过对旅游者进行问卷调查来获取基础数据，在此基础上再进行数据统计分析。

使用统计分析方法进行评价性意象研究时，评价要素的选取十分关键，因为这对于评价模型和调查结果都至关重要。石坚韧等就曾以长江三角洲的上海、杭州、南京等三地的 60 个“城市开放空间”为调查对象，采用问卷调查的方式获取数据，并对所选取的 11 个评价要素进行统计分析，分别计算得出相关系数、主成分荷载分布，以此从主观反馈的层面把握市民对城市开放空间意象的形成要因，在此基础上，通过与评价主体的个人特征进行方差分析和均值分析，得出不同人群对城市开放空间的认知差异；最后通过多元回归分析，将主观心理评价（活力度和舒适度）和客观环境因素（如土地利用、地理距离等）相互联系，以此得到影响意象形成的因素构成及其在现实规划工作中的指代含义（石坚韧等，2006）。

本书采用相关性分析、Logistic 回归模型等统计分析方法探讨了旅游者对南昌市红色旅游意象认知的影响因素及认知规律。

（2）内容分析方法。内容分析是对文献内容进行客观、系统、量化分析的一种科学研究方法（K. Krippendorff，1980），是以测量变量为目的，对传播进行系统、客观和定量分析研究的一种方法（赵振斌、党娇，2011）。内容分析法始于第二次世界大战，新闻传播学、图书馆学和社会学等领域的专家学者与军事情报机构一起，对内容分析方法进行了多学科研究，使其应用范围大为拓展（赵振斌、党娇，2011）。网络信息的内容分析是目前内容分析法的主要发展方向，对网站的文本内容进行分析则是网络信息内容分析的主要方式（王曰芬，2007）。

本书就是通过对样本网站的文本内容的词频分析来提取描述南昌市红色旅游意象的高频特征词，并把这些高频特征词作为进一步分析的依据。

（3）空间句法方法。空间句法方法是英国伦敦大学建筑学院的 Hillier 提出的。它提供了从空间主客体相结合的视角定量分析城市游憩空间形态的理论和方法。由于空间是将作为物质的城市和人所体验的城市关联在一起的关键所在，因而，空间本身的几何法则会限制人们运用空间规律的方式，如可视范围内的街道空间对主体的社会运动就具有意向引导作用；同时，人们也知道如何运用空间规律去展开日常生活活动，并会创造性地运用空间关系，达到活动的目的（王成芳、孙一民，2012）。

本书在 arcview、mapinfo 等 gis 软件平台上集成 Axman 空间句法软件，利用城市旅游交通图对南昌市红色旅游景区点进行初步的空间表达和分析，作为研究城市红色旅游意象空间格局的内部差异、组织结构等内容的重要手段。

第4章

国内外相关研究综述

本书的文献综述的数据主要来源于中国知网数据库和WOS数据库。中文数据分别以主题等于“旅游意象”和“红色旅游”进行检索，英文数据以主题等于tourism image进行检索，检索时间为2017年9月21日。将所得结果去重，筛选后得到国内旅游意象相关研究文献908篇、国外旅游意象相关研究2977篇；国内红色旅游研究6000篇。然后，根据各研究主题检索到的数据特征（包括标题、作者、机构、摘要、关键词等）选取合适的时间段和参数值进行分析。

本书的文献综述部分主要采用Citespace分析软件对国内外相关研究文献进行检索分析，该软件通过创造性地把可视化技术和科学计量学结合起来，同时融合了聚类分析、社会网络分析等分析方法实现对文献信息的可视化，能直观地反映学科领域的发展轨迹、知识基础、研究热点与主要研究内容等，从而开创了以知识单元为分析基础的可视化学术与应用领域（胡德华、钟乐熹等，2015）。将上述搜集到的文献数据以txt文本格式导入citespace文献分析工具进行可视化分析，以反映文献信息之间的关系、发展趋势与动向。

4.1 国内外红色旅游研究综述

4.1.1 国内红色旅游研究进展

红色旅游自提出至今已经经过了十余年的发展，出现了大量有关红色旅游的研究成果。在中国知网数据库以红色旅游为主题进行检索，共析出相关研究文献 14418 条。按学科分类，在 14418 篇红色旅游研究文献中，排在前 10 位的学科分别为：旅游学科（9735）、资源科学（1115）、文化（952）、经济体制改革（689）、思想政治教育（664）、农业经济（408）、中国政治与国际政治（363）、文化经济（310）、宏观经济管理与可持续发展（288）和党建（276），说明红色旅游研究的学科背景以旅游学科为主，资源科学、文化等学科亦占用重要地位。按研究层次分类，在 14418 篇红色旅游研究文献中，排在前 10 位的分别为：社科行业指导（6230 篇，占 49.10%）、社科基础研究（3197 篇，占 25.20%）、社科政策研究（2098 篇，占 16.54%）、社科职业指导（306 篇，占 2.41%）、工程技术研究（288 篇，占 2.27%）、基础教育与中等职业教育（230 篇，占 1.81%）、基础于应用基础研究（133 篇，占 1.05%）、大众文化（117 篇，占 0.92%）、行业技术指导（54 篇，占 0.43%）和高等教育（35 篇，占 0.28%）。据此不难看出，红色旅游研究的行业指导性明显，社科基础研究也占用重要地位，而应用基础研究、工程技术研究、高等教育、大众文化等其他研究所占的比例较少。将检索结果去重，筛选出其中的 6000 篇作为重点研究对象，采用 citespace 文献计量软件做进一步的分析。

（1）研究作者及机构分析。

我们分别采用原始视图（见图 4－1）和 Timezone（见图 4－2）视图呈现国内红色旅游研究作者的合作及时间分布情况。

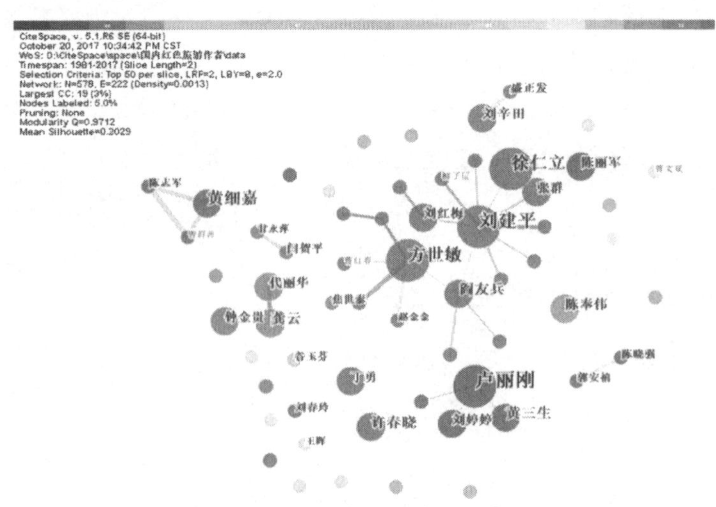

图 4－1　国内红色旅游研究作者合作网络

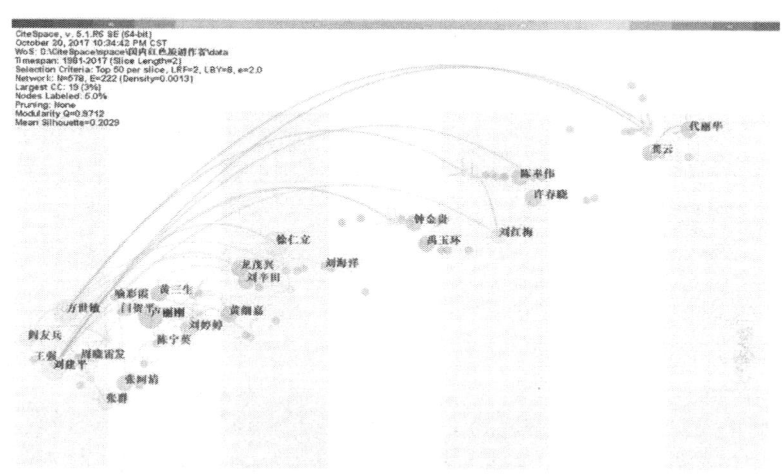

图 4－2　国内红色旅游研究作者演进时区知识图谱

从图 4－1 不难发现，国内红色旅游研究领域已经形成了以“刘建平—方世敏—阎友兵”为核心的紧密合作圈，同时他们也是国内最早涉足红色旅游研究的学者，随后又有学者加入合作网络中并同前辈建立合作关系；另外，还有其他学者也建立了各自的合作体系，如“黄细嘉—陈志军—曾群洲”“卢丽刚—黄三生—刘婷婷”。近年来，以“代丽华—龚云”为核心的合作圈也在该研究领域较为突出。我国红色旅游研究领域的合作者多来自同一单位，甚至出自同门。例如，最早研究红色旅游的学者刘建平、方世敏、阎友兵均来自湘潭大学旅游管理学院，代丽华、龚云同来都来自江西旅游商贸职业学院。这说明该领域的研究尚处于“亲缘关系”的合作，不同部门、不同单位之间的合作还不是很紧密。

研究单位及其发文量分布表（见表 4－1）直观反映了国内红色旅游研究的机构分布情况及重要程度。由表 4－1 不难看出，国内红色旅游主要研究机构大多分布在红色旅游资源较为丰富的地区，如湘潭—中国红色文化的摇篮、遵义—遵义会议旧址、南昌—南昌起义旧址、延安—中国革命圣地等，依托天然的资源优势，这些机构率先关注并对我国上述地区红色文化的旅游价值展开研究。

表 4 – 1　　核心作者及其所属单位分布

序号	机　　构	作者	序号	机　　构	作者
1	湘潭大学旅游管理学院	刘建平	11	渤海大学旅游学院	王素珍
2	解放军总后勤部后勤学院	刘高平	12	江西科技师范学院	钟利民
3	全国红色旅游工作协调小组办公室		13	桂林工学院旅游学院	吴忠军
4	遵义师范学院	王爱华	14	广西师范大学历史文化与旅游学院	吴晓山
5	湘潭大学管理学院	喻彩霞，陈英宁	15	南昌大学旅游规划与研究中心	黄细嘉，陈志军
6	江西旅游商贸职业学院	代丽华，龚云	16	延安大学体育学院	常保荣
7	湖南师范大学旅游学院	许春晓	17	安徽师范大学国土资源与旅游学院	姚治国，陆恒芹
8	黄冈师范学院商学院	李月华	18	陕西师范大学旅游与环境学院	白凯，马耀峰
9	武夷学院旅游系	徐仁立	19	西柏坡纪念馆	
10	华东交通大学人文学院	卢丽刚	20	赣南师范学院	陈建平

资料来源：CiteSpace 软件及作者统计结果。

（2）研究热点分析。

采用红色旅游关键词共现知识图谱（见图 4 – 3）和关键词 timeline 知识图谱（见图 4 – 4），对 CNKI 的样本文献进行热点分析。横向时间轴上 2002 ~ 2017 年主要关键词有革命传统教育、生态旅游、红色旅游景区、红色旅游开发、革命遗址、旅游项目和旅游体验等；纵深则反映了研究主题下的具体研究内容，如旅游资源的研究主要包括红色旅游资源现状、SWOT 分析、资源开发、可持续发展等与旅游开发相关的内容。结果显示，国内红色旅游的研究热点话题逐渐转移，更多开始关注旅游体验和旅游项目的创新发展。词频分析结果则表明，国内红色旅游研究以对策研究为主，具有很强的政策导向性（伍鹏，2017）。

关键词分析结果表明，红色旅游资源、红色旅游与经济发展、红色旅游与爱国主义教育成为国内红色旅游研究的三大主题（见表 4 – 2）。

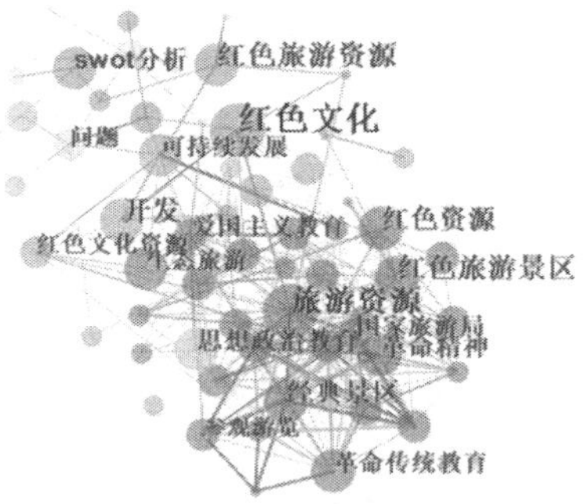

图 4－3　国内红色旅游关键词共现知识图谱

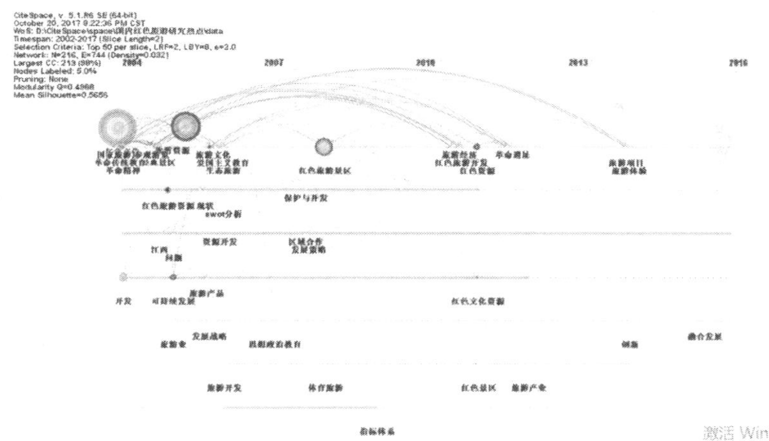

图 4－4　国内红色旅游研究关键词时间轴知识图谱

表 4－2　　　　红色旅游研究关键词共现频次、中心性及年代

序号	频次	中心性	年份	关键词	序号	频次	中心性	年份	关键词
1	233	0. 37	2005	旅游资源	6	40	0. 08	2005	综合收入
2	30	0. 11	2006	经济发展	7	113	0. 07	2004	开发
3	132	0. 10	2008	红色旅游景区	8	53	0. 06	2006	爱国主义教育
4	111	0. 10	2005	红色旅游资源	9	313	0. 05	2004	红色文化
5	59	0. 10	2005	可持续发展	10	100	0. 05	2005	经典景区

续表

序号	频次	中心性	年份	关键词	序号	频次	中心性	年份	关键词
11	52	0.05	2004	国家旅游局	16	70	0.03	2006	Swot 分析
12	37	0.05	2004	革命圣地	17	54	0.03	2006	生态旅游
13	26	0.05	2005	江西	18	52	0.03	2011	红色文化资源
14	69	0.04	2007	思想政治教育	19	51	0.03	2005	问题
15	9	0.04	2006	开发策略	20	36	0.03	2006	旅游文化

资料来源：CiteSpace 软件及作者统计结果。

红色旅游资源研究的主要内容包括红色旅游资源的特征和空间布局研究、红色旅游资源保护与开发研究和红色旅游资源的分类与评价三大方面。在红色旅游资源的特征和空间布局研究方面，李月芬对长株潭内涵拓展后的红色资源进行定性评价，通过对各专家学者的问卷调查，获知了长株潭内涵拓展后红色旅游资源定量评价指标体系（张勇刚、游细斌，2012）；黄细嘉和宋丽娟从红色旅游的属性出发，指出红色旅游资源不仅具有一般旅游资源的特征，还具有革命精神的无形性、多种旅游业态的伴生性、旅游主题的连贯性和意识形态的教育性特征（黄细嘉、宋丽娟，2010）。魏鸿雁等学者主要从旅游资源空间结构出发，发现我国红色旅游资源特征具有形成原因的独特性、资源属性的双重性、空间分布的广泛性、旅游活动的教育性和资源开发的滞后性；他们还以国家公布的 118 个红色旅游经典景区为例，运用最邻近点指数、基尼系数，从空间分布、区域空间差异以及红色旅游资源分区等角度分析了中国红色旅游资源的空间结构特征，结果表明，中国红色旅游资源在全国和全国八大一级旅游分区两种尺度的测度中都呈集聚型分布，不同区域的红色旅游资源具有不同的历史主题。最后，提出在今后的红色旅游发展和新的红色旅游景区开发中做好规划和宣传工作，加强基础设施建设，对红色旅游资源进行区域整合，推进红色旅游产品向主题方向发展（魏鸿雁、章锦河等，2006）。在红色旅游资源保护与开发研究方面，王立东在分析北京红色旅游资源的基础上，将北京红色旅游资源的开发战略定位为“中国红色旅游中心与重点主题示范区”，其开发目标是在三大板块区划的基础上，建设 6 个红色旅游区、20 个红色旅游经典景区和 9 条红色旅游主题线路（王立东、黄振宇，2011）；刘玮等（2017）提出赣南苏区红色旅游资源区域整合工作步骤与保障机制；李素喜等（2011）研究了河北红色旅游资源开发现状与未来发展；王忠兴、刘婷婷（2008）针对红色旅游专利保护问题提出了加强专利申请量、提高专利质量、扩大专利申请范围和设立专门管理部门的对策及建议。肖海、卢丽刚（2009）强调重视用商标保护红色旅游资源，运用商标策略保护好红色旅游资源，开拓红色旅游市场；王思萌、秦添熤（2015）调查研究了辽宁省抗战旅游资源的开发现状并提出对策建议。此外，在红色旅游资源的相关研究中还涉及红色旅游资源的分类与评价。例如，唐丽萍、冯淑华（2011）通过对红色旅游资源的文化遗产价值进行深入剖析，结合红色旅游资源的本质属性，构建红色旅游资源文化遗产价值评价体系，并以南昌八一起义纪念馆为案例，采用模糊数学理论进行定量分析。同时，对红色旅游资源的文化遗产价值的提升进行了探讨；方世敏、邓丽娟（2013）对红色旅游资源进行分类，并在分类的前提下构建红色旅游资源的等级评价体系；李向明（2005）针对江西红色旅游资源的特点及开发现提出江西红色旅游资源创新开发的思路与对策；马进甫、宋振美（2006）从功能、地位、存在形式、存在形态、地域空间及区域联系等 6 个方面，对红色旅游资源的特征进行了初步分析，并在此基础上，对红色旅游资源开发的策略做出了尝试性的探讨。

在红色旅游与经济发展研究方面，相关内容主要包括两个方面：一是对红色旅游的可持续发展与地方经济社会发展的研究。刘桂兰（2008）认为保持河南红色旅游可持续发展，必须提高认识，挖掘内涵，创新开发方式、提高开发水平，改革管理体制。赵翠侠（2009）指出当前红色旅游发展中存在的问题，提出红色旅游可持续发展必须注重择优开发、强化旅游产品的综合功能和走市场化发展道路。黄玉梅认为当前我国红色旅游的可持续发展存在三个突出问题，在此基础上提出了构建红色文化遗产保护体系，增强红色旅游产品的吸引力，强化目的地居民的社区意识及主人意识这三项对策（张勇刚、游细斌，2012）。盛正发（2006）为如何保持红色旅游可持续发展提出的对策包括政府主导，综合协调，规划先行，科学打造红色旅游精品；加大对红色旅游基地的基础配套建设；制定优惠政策，引导红色旅游消费和社会投资；宣传造势，尽快扩大市场和培育品牌；加强对红色旅游区（点）的服务管理和人员培训；红绿蓝结合，培育大产业、大市场；进行红色产品的延伸和红色文化的挖掘；保护好红色资源，避免大规模无序开发。郭娟（2012）针对山西红色旅游的可持续发展问题进行探讨，并分别从山西红色旅游、旅游资源开发问题几方面进行分析，制定促进红色旅游可持续发展的对策。宋小红、于炎（2012）以遵义为例，为遵义红色旅游的发展提出人力资本视域的对策。程巧（2009）提出以红色档案为载体进行信息的挖掘，促进红色旅游路线、产品、形式的创新、改变，促使红色旅游走上一条资源—服务—产品的长效发展之路。刘春莲（2011）以后现代主义为视角，分析了江西红色旅游发展存在的深层次问题，从发展理念上提出江西红色旅游可持续发展的思路：只有实现了生态和人文的可持续发展才能创造更多的经济效益和社会效益，从而真正实现红色旅游的可持续发展。二是红色旅游发展和扶贫开发关系研究。熊云明、李松志详细探讨了红色旅游的扶贫功能，并提出了兼顾"经济性、可持续性、公平性"的红色旅游发展思路（金鹏、卢东等，2017）。巫婷、肖祖豪（2017）提出发展红色旅游是江西萍乡地区资源枯竭型城市经济转型的方向，并为转型提供对策建议。李艳、杨红月（2017）以贵州黔北革命老区为例探讨红色旅游与扶贫开发，通过打造地方特色食品产业、开发红色旅游产业及大力推进相关产业的延伸等途径，把老区红色优势资源与扶贫开发工作有效结合。徐象富（2007）论述了红色旅游与革命老区新农村建设的关系并为革命老区红色旅游发展建言献策。刘辛田、盛正发（2009）从物质基础、动力机制、政策背景三方面分析红色旅游与新农村建设的耦合现象。这一部分从最初新农村建设与红色旅游结合研究逐渐发展至精准扶贫与红色旅游结合研究，反映出红色旅游研究受政府政策引导，同目前国家现阶段的发展现状相结合；张丽（2015）以江西红色旅游为例论述了红色旅游资源的开发和可持续发展对扶贫工作的理论意义和实践价值，指出红色和旅游的有效融合，是理论和实际的精妙搭配，红色旅游扶贫不是简单意义上的经济收入的增加，更是人们精神层面上的丰富。邓燕平（2016）以精准扶贫为政策背景，为井冈山革命老区脱贫的路径提出了如下对策：精准掌握扶贫第一手资料，进一步提升红色旅游发展质量，大力推进红色旅游融合发展，强化红色旅游扶贫人才培训，构建红色旅游精准扶贫机制等措施，以实现革命老区贫困人员脱贫的目标。谢江帆、胡桂永（2011）基于井冈山红色旅游调研，探讨了红色旅游扶贫模式。

在红色旅游与爱国主义教育研究方面，主要研究内容包括爱国主义思想政治教育和革命传统教育。在爱国主义思想政治教育研究方面，安新丽、李妍等（2014）认为开展红色旅游进行爱国主义教育是当下时代发展的需求，是提高全民整体素质的一项系统工程，对当今社会乃至今后的发展都有重要的现实意义和历史意义。敖海华（2006）探讨了红色旅游与思想政治教育创新的功能、特点和方法。蒋睿（2013）对红色旅游活动的政治传播价值进行了研究。张扬、刘建平等（2012，2005）对红色旅游的教育价值进行了探讨。廖运生、孙向阳、安洁琳（2008，2014）分别以井冈山、贵州铜仁、河北西部红色旅游区为例，对红色旅游与思想政治教育、红色旅游与马克思主义大众化进行了探讨。卢丽刚、张群（2008）研究了红色旅游的社会主义核心价值体系和文化建设。荣海平、张霞（2016）探讨红色旅游与高校爱国主义教育的结合途径，即在课堂中、特殊节日时、校园网上、大学生社会实践活动中，因势利导地将红色文化与大学生社会实践活动相结合，更好地去开展爱国主义教育和传承红色文化。在革命传统教育研究方面，胡振民（2005）提倡积极发展红色旅游，深入开展爱国主义和革命传统教育。从红色旅游的产业特性、产品特性，杨军（2006）探讨了革命传统教育的产业化创新。这类文章大多类似，主要论述红色旅游对于革命传统教育产生的积极作用以及意义。

前述研究在红色旅游研究领域中占据了半壁江山，然而它们大多与旅游研究本身的联系不强，针对红色旅游发展中一些旅游现象的研究不多。近年来，国内学者开始更多地探究了红色旅游中旅游的研究价值，逐步涉及红色文化感知、旅游质量和满意度等方面的研究，成为红色旅游研究的热点。蒋长春（2013）以延安红色旅游为例，对延安红色旅游的游客出游特征、游客对延安红色景区的认知、游客对延安红色文化的感知、游客对延安红色文化的感知差异等方面进行分析，得出的结论包括不同类型游客对红色文化感知的差异性，不单纯取决于游客的主客观条件，也不完全取决于红色景区的旅游开发与服务等因素，还与红色文化自身的属性、政治因素等有着紧密的关系。刘佳雪、王芳、王丽等（2012）基于游客感知视角，以南京雨花台景区为例，分析了红色旅游景区质量属性特征及其重要性和绩效。焦世泰（2012）从分析红色旅游景区游客满意度的影响因素入手，构建了一个评价红色旅游游客满意度的多层次指标体系，并利用因子分析法对指标体系进行定量分析，萃取出 5 个红色旅游景区游客满意度评价因子。娄在凤（2015）在文献梳理的基础上对游客红色旅游偏好及影响因素进行分析，乔海燕等以百色市为例，提出红色旅游的发展战略，要以体验为创新点，以游客体验为立足点，提高百色市红色旅游发展的质量和内涵。乔海燕、杨丹艳等（2006）提出从基础设施、纪念品、体验式项目出发打造百色旅游“1－2－4－4－5”模式。

4.1.2 国外与红色旅游有关的研究进展

国外的黑色旅游是与国内红色旅游相似度高的一种旅游形式。本书主要从国外黑色旅游的研究历程、研究内容等方面对其进行述评并与国内红色旅游研究进行对比分析。

（1）黑色旅游研究的起源。

黑色旅游是近年来欧美学者广泛关注的研究主题。1996 年，福利和列侬首次将战场旅游（battlefield tourism）、死亡旅游（thanatourism）、监狱旅游（prison tourism）、奴隶制遗产旅游（slavery heritage tourism）、病态旅游（morbid tourism）等多种旅游形式定义为黑色旅游（dark tourism）。追溯起源，中世纪起人们逐渐被这些特殊旅游形式吸引，如古罗马斗剑游戏、宗教朝拜以及游览公共处死地（参观奥斯威辛—比克瑙集中营）等有关死亡、暴力、恐怖以及灾难相关地、吸引物及其他相关事项。20 世纪后，这种现象更加广泛和多样，出现了除上述旅游形式以外的大屠杀旅游、墓地旅游等形式。尽管起源较早，但直到 2000 年福利和列侬合作出版的《黑色旅游：死亡与灾难的吸引力》一书问世后，黑色旅游才引起了学者们的广泛关注和媒体的注意（申健健、喻学才 2009）。

（2）黑色旅游研究的发展阶段及主要研究内容。

通过梳理相关文献，国外黑色旅游的研究历程大致可以划分为三个阶段。

第一阶段，研究初期。2000 年后黑色旅游得到学界的广泛关注，针对黑色旅游的概念界定，一批学者从不同角度提出不同看法。厄里论述了一些战争旅游目的地的“轰动而又充满感情”的历史展示（D. Uzell，1992），Tunbridge 和 Ashworth（1996）提出“不和谐遗产”的概念，并提出了一个理论框架以便更好地管理这类遗产。Rojek（1993）首次使用“黑色景点”（black - spot）来命名商业化大规模的或者名人突发死亡地及墓地，如肯尼迪遭到刺杀的达拉斯。同时，他又指出普通国家或者城市的公墓是“怀念目的地”，而灾难发生地是“轰动性事件目的地”，这两种目的地和与死亡相关的黑色景点是有区别的。Blom（2000）将这种“只与死亡相关的旅游现象”定义为“病态旅游”（morbid tourism）。这种旅游特指前往正在发生事故或是前往事故发生不久的目的地以及前往与死亡有关的人造景区的旅游活动。Foley 和 Lennon（1996）

将黑色旅游目的地的范围扩大到“商业化了的死亡或者灾难等的真实发生地”。与前者相比，Seaton（1996）提出了更加宽泛的“死亡旅游”（thanatourism）概念，用来指完全的或部分的、被现实的或象征性的、面对死亡的动机所驱使的旅游。他认为这种旅游有着很长的历史，可追溯到人们“思索死亡”的传统。依据旅游者的行为方式，将死亡旅游分为 5 种形式：①见证公共的死亡；②参观大规模或者个人的死亡地；③参观死者的拘留处或者纪念地；④参观死者的遗物或者象征性物；⑤观赏对死亡的模拟或者演绎。考虑到黑色旅游目的地、吸引物以及经历的广泛化以及多样化，许多学者依据黑色旅游的“黑色的强烈度”将其划分为不同的形式。迈尔斯（2002）首次提出了“更黑色旅游”（darker tourism）以及“最黑色旅游”（the darkesttourism）。他指出与“死亡、灾难和文明衰败”相关的目的地和“死亡、灾难和文明衰败”的真实发生地是不同的。如果将前者的参观游览描述为黑色旅游的话，那么到后者的旅游以及朝圣则需要更深厚的情感，因此“更黑色旅游”更贴合实际。而最黑色旅游则超越了区分黑色旅游和更黑色旅游的空间差异以及区分黑色旅游和更黑色旅游与历史真实之间的时间差异，网络上的互动电子媒体及其新一代的电视为最黑色旅游的发展开辟了道路，通过这些游客可以体验到最接近真实的经历。Stone（2006）在此基础上从不同的“色度”层次更加细化了黑色旅游，依据旅游者的动机、旅游开发者的目的以及政治意识形态等多种影响因素，提出了从最黑色旅游到最淡黑旅游的“黑色旅游谱”（dark tourism spectrum）。乔舍维奇和林奇将黑色旅游称为“复兴旅游”，认为其并不是一种旅游形式，而是政治冲突发生过后，旅游业在社会经济发展中所扮演的角色（胥桂凤、黄远水，2014）。

第二阶段，研究发展阶段。这一阶段主要围绕旅游者行为特征进行旅游动机展开研究。西方学者非常重视黑色旅游游客旅游动机的研究，认为这是理解黑色旅游的重要因素。Slade Peter（2003）通过对参观加里波第战场的新西兰和澳大利游客进行研究发现，游客主要受到爱国主义教育的激励想去了解国家历史，而非为了面对死亡。Rittichainuwat（2008）研究了海啸过后前往泰国普吉岛的游客的行为动机，他发现不仅来自不同地区的游客的旅游动机不同，不同年龄、不同性别的游客的到访动机都不尽相同。Seaton（1996）认为参与死亡旅游活动就是为了面对大规模或个人的死亡地，真实感受死亡。Catherine Palmer（2005）研究调查了三处英国历史遗产旅游目的地，从人类学的视角探讨历史归属感、民族认同，民族起源历史可能是黑色旅游的旅游动机。

第三阶段，研究深化阶段。经过前期概念辨析、内涵分类等的探究，学者们在这一阶段更多地将关注点聚焦在黑色旅游影响研究上。2006 年肖恩提出，是否应该批判 2004 年泰国地震后前往旅游的旅游者缺乏同情心还是应该鼓励他们为当地旅游业复苏做出贡献？这一研究引起学者们的兴趣，对黑色旅游影响的研究大大增加。部分学者认为黑色旅游提供了有关过去重要事件的信息，提供了某种情感体验和教育，同时也提供了情感上的潜在治疗（J. C. Henderson，2000）。此外，学者通过对复兴旅游的研究发现，虽然旅游活动的开展确实会引起灾难地当地人的反感，但对目的地复苏和社会关系正常化的作用却不容忽视。但是旅游者前往灾难地旅游，用相机记录当地的悲惨事件并不断询问当地人的行为，不仅会是当地人沉浸在悲伤中，不利于灾难地形象的改变，甚至游客传递信息的不完全和扭曲会误导大众，引起人们的反感（M. Best，2007）。针对伦理道德和经济效益的争论和协调一直是西方黑色旅游影响研究的热点和重点。对此，科恩提出了黑色教育旅游（educational dark tourism）的概念，得到学者们的广泛认可。

除此之外，黑色旅游的游客体验、黑色旅游的展示和历史原真性的争议、黑色旅游开发方式和利益相关者研究都是国外学者的主要研究话题。

（3）黑色旅游与红色旅游的异同。

黑色旅游与红色旅游的不同之处：①内涵不同。“红色”作为政治概念源于国外，但“红色旅游”是中国共产党的创举（徐仁立，2009），是中国特殊政治背景下产生的独特社会现象。红色旅游一词最早可以追溯到 2000 年，江西最早将“红色”和“旅游”两个词结合起来，并推出南昌至井冈山、瑞金等地三条“红色之旅”省内旅游专线。2002 年，李宗尧在《论“红色旅游”功能的多样性——兼谈蒙阴县野店镇旅游业的综合开发》一文中提出红色旅游是以游览革命老区、革命遗迹为主，同时接受爱国主义教育的旅游方式，从而引起学者的广泛关注。同年，高舜礼认为红色旅游是中国共产党领导的在各个历史时期建树丰功伟绩所形成的纪念地、标志物为吸引物，以其所承载的革命历史和革命精神为内涵，组织和接待旅游者进行学习缅怀或参观游览，从而实现学习革命历史知识、接受革命传统教育和振奋精神、放松身心增加阅历的一种旅游活动。2004 年 11 月，李长春在河北考察工作时发表重要讲话，第一次对“红色旅游”内涵作出科学界定，在同年 12 月，中共中央办公厅、国务院办公厅在《2004 ~2010 年红色旅游发展规划纲要》（以下简称《纲要》）中正式将红色旅游的概念定义为以中国共产党领导人民在革命和建设时期建树丰功伟绩所形成的纪念地、标志物为载体，以其所承载的革命历史、革命事迹和革命精神为内涵，组织接待旅游者开展缅怀学习、参观游览的主题性旅游活动（刘海洋、明镜，2010）。而黑色旅游的概念还没有统一的界定。各学者有各自不同的认识如前已有论述。②旅游对象不同。红色旅游的对象客体多是中国共产党领导人民在革命和建设时期建树丰功伟绩所形成的纪念地、标志物以及其中传承的革命精神，而执行公众法令的死亡地、死亡遗址、拘禁遗址、死者纪念地等构成黑色旅游的主要活动客体（A. V. Seaton，1996）。③旅游动机不同。红色旅游政治色彩较为浓郁，主要是中国政府推动下形成和发展起来的旅游形式，旅游活动内容也主要起到提高国家忠诚度、增强爱国主义理念等作用，而黑色旅游多受到游客自我旅游动机的推动和有关目的地的拉动作用。

相同之处：①都是资源导向型的旅游活动形式。两者是分别以红色和黑色旅游资源为载体开展的旅游活动。②都具有一定的教育意义。发展红色旅游对于弘扬爱国主义精神，加强传统革命教育，增强广大人民群众尤其是青少年和干部群众的爱国情感和使命感，协调革命老区的经济社会发展等都具有十分深远的历史意义和时代意义。通过红色旅游，旅游者能更加深刻地体会到中国共产党在革命和建设时期带领人民群众为中国的革命建设事业做出的丰功伟绩，体会当今社会发展成果的来之不易，增强广大人民群众的凝聚力和向心力。发展黑色旅游，广义上在旅游的过程中通过参观战争遗迹、灾难地能激发人们爱好和平的强烈愿望。例如，通过参观自然灾难遗址遗迹是游客接受生命教育，使之认识到珍爱生命的重要性。红色旅游和黑色旅游都能使游客通过游览产生反思，接受良好教育。

（4）黑色旅游研究的述评。

①研究的视角：从供给角度对黑色旅游进行定性描述研究是当前国外黑色旅游研究比较常用的方法，但是随着旅游发展，这种方法的弊端越来越多。学者过多强调旅游目的地有关死亡的因素对游客的吸引而忽略了游客自身的动机，这样会导致研究越来越局限，例如，学者将黑色旅游划分为“最淡黑色”“最黑色”极有可能将更不相关的景点类型强加进黑色旅游的范

畴，从而导致黑色旅游概念的模糊。然而从需求角度的研究较少，且都是以案例的形式进行研究，如前提到的斯莱德对前往加里波利游览的游客的动机研究。

②研究的方法：国外黑色旅游的研究以定性的理论研究为主，但定量研究有逐年增加的趋势。近年来西方学者在对黑色旅游的实证研究方面取得一定的成绩。Biran 等（2011）采用定量的研究方法，通过奥斯维辛—比克瑙集中营进行实证研究反驳了目前认为黑色旅游是遗产旅游中一个显著现象这种观点。Podoshen 等（2011）利用空间网络人类学（netnographic）研究全球犹太人对东欧历史上犹太人大屠杀景点的态度。Dunkley（2011）采用访谈的形式，详细解释了战场景点是如何提供机会供旅游者朝圣、恢复集体及个人记忆、验证事件的真伪。韩国学者 Kang 等用问卷调查的方法，同时结合 SPSS 17分析技术，对济州岛的“4・3”和平公园进行了实证研究（方叶林、黄震方等，2013）。

4.1.3 研究述评

当前，国内红色旅游的研究的内容涉及红色旅游资源开发保护、红色旅游与扶贫、红色旅游的思想政治教育等诸多方面，但对理论部分的探讨不多。例如，游客满意度和游客感知是基于旅游学科角度研究红色旅游的主要焦点，但涉及游客认知与旅游体验的研究相对较少。最新搜索到有关旅游体验的研究是《“体验旅游”理念下的红色旅游线路设计——以延安南泥湾为例》（李颖，2017）一文。如此，导致游客参与红色旅游活动情感体验差异的因素有哪些？这些因素如何影响到游客体验感等，这些都需要做进一步的深化研究。

另外，我国红色旅游具有明显的政策导向特征。除了要继续重视国内红色旅游发展和研究以外，还要结合国内外红色旅游发展的实际，不断开拓新的研究方向。例如，2016 年开展的一系列中俄红色旅游合作交流活动对红色旅游的国际化发展是强有力的推动。对国内的红色旅游研究来说，如何同国际红色旅游的相关研究进行对话，如何在国外相似旅游形式的研究中体现中国特色，都需要学者进一步加强红色旅游本土化与国际化关系的研究。

4.2 国内外旅游意象研究综述

4.2.1 国内旅游意象研究综述

（1）年度发文量分析。

不同年度的发文量可以从一个侧面说明某领域研究的发展趋势。根据年度发文量的情况可将我国旅游意象研究总体上分为三个阶段（见图 4 -5）。1986 ~ 2000 年为初步发展阶段。该时期国内有关旅游意象研究的年度发文量一直在低位数（个位数）上波动。2000 ~ 2014 年相关研究发文量持续波动增加，我国旅游意象研究进入大发展阶段。于 2014 年达到峰值（104 篇）。说明在这一时期，旅游意象的相关研究已经得到国内学者的广泛关注，且有更多的学者投入旅游意象的研究中来。2014 年至今，发文量明显减少，虽然在 2016 年有小幅度的增加，但发文量仍然没有过百，并于 2017 年跌至 59 篇。说明旅游意象领域的研究在国内已经相对成熟，研究更加深入。

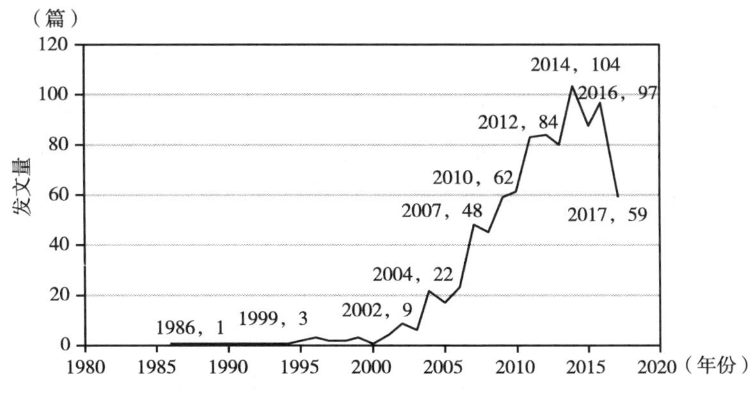

图 4 -5　国内旅游意象研究文献发表数量

从学科分布来看，建筑科学与工程是旅游意象研究的主要学科（198），外国语言文字（81）、贸易经济（11）、地理（11）、音乐舞蹈（4）等学科也对旅游意象研究有所涉及。

从发表刊物来看，在旅游类刊物发表的文献共 54 篇，占总篇数的

24.22%；在地理类刊物发表的文献共30篇，占总篇数的13.23%，其余的文献（135）大部分发表在高校内刊中，如华东师范大学、苏州大学、陕西师范大学等，占总篇数的59.7%。这一现象说明，有关旅游意象价值较高的研究较少，具有开创性、广泛影响、发表在高质量刊物的研究数量不多。

从研究内容来看，我国旅游意象的研究主要是从旅游目的地形象研究中演化而来。熊凯（1999）较早将旅游意象的概念引入乡村旅游研究中来，研究将旅游意象作为新的概念引入旅游研究。其后，蒋志杰、吴国清和白光润（2004）将城市意象空间分析应用于对江南水乡古镇的研究，采用意象草图等研究工具开展调查，通过对比江南水乡古镇的意象与实际，提出了一些应用性极强的规划建议。李瑞（2004）则将城市意象与旅游规划相结合，提出了城市旅游意象的构成要素和营造措施。这一阶段城市意象理论向旅游目的地形象研究的渗透，呈现出明显的学科交叉特征。随后，学者对旅游目的地形象和旅游目的地意象间的关系进行辨析，两者的研究范式和研究理论逐渐合流。近年来，国内的相关研究不仅深入分析了旅游目的地符号和隐喻的关联（白凯等，2008），还基于表征视角系统探讨了旅游目的地意象的构建过程（刘建峰，2009），内容分析法等非结构化定性研究方法被用于国内旅游目的地意象研究（肖亮、赵黎明，2009），基于文化背景差异的旅游目的地意象被测量和研究（贾跃千等，2009），专门针对旅游目的地意象中的地方感的研究（汪芳等，2009）和对特定旅游目的地意象开展的全面而系统的研究（田逢军等，2009）也在不断出现。可见，国内学者对相关研究不断深入发展，并逐渐向旅游目的地意象时空变迁规律研究、景观设计等方向渗透（周永博、沙润，2010）。

（2）重点研究机构及重要作者分析。

相关研究作者所属研究机构的发文量是衡量该机构在相关领域研究实力的重要指标。在统计各科研单位相关发文量的基础上，本书用Citespace软件对排名前20位的研究机构进行重点分析，得到国内旅游意象主要研究机构的共现图谱（见图4-6）。其中，一个节点代表一个机构，节点越大表明该机构发文频次越高，影响越大。节点间的连线体现了机构之间存在着合作关系，连线越粗，研究领域相关性越大，进行合作研究的次数就越多（张达、石云、李魁明2015）。如图4-6所示，陕西师范大学旅游与环境学院和北京大学光华管理学院以较大优势，成为图谱中最显著的节点，表明这两个研究机构在国内旅游意象研究领域具有较为明显的学术研究潜力。这可能与其所建立的核心学术团队以及主要科研成员的研究专长或研究方向密不可分。陕西师范大学旅游与环境学院的马耀峰、白凯、卫海燕都是国内旅游意象研究的核心研究者，其中白凯于 2010 ~2013 年在北京大学光华管理学院市场营销系从事博士后研究工作，吴必虎作为该学院博导都是该校与北京大学开展相关领域合作的桥梁。同时，陕西师大旅游规划设计研究院的主要研究方向之一也是旅游空间意象及时空演变。另外，虽然国内该领域的部分研究机构之间已出现少量的合作关系（如南京师范大学地理科学学院与无锡商业职业技术学院旅游系），但总体上共现图谱仍处于孤立分布的均质状态，预示着这些研究机构间成规模的合作网络尚未形成。

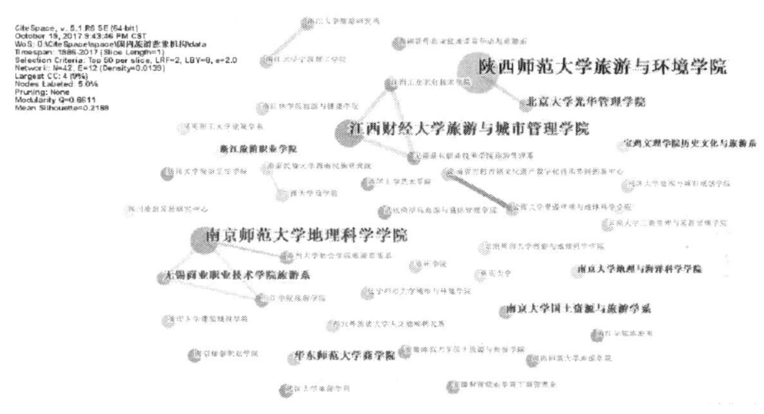

图 4 –6　国内旅游意象主要研究机构合作网络

研究者及他们的网络是研究领域的核心要素，通过文献作者共现网络分析可以发现合作密切的学者群，发掘学术研究的团队效应（侯国林、黄震方、台运红等，2015）。根据 CNKI 的检索结果，同样使用 Citespace 软件对旅游意象研究领域的作者进行分析，由于研究的总文献数量较多，因此设置相应参数较高，得到国内旅游意象研究文献作者合作网络图谱（见图 4 –7）。图 4 –7 表明，样本文献有超过 58 名研究人员。其中，以“白凯—马耀峰—郑荣娟”“周勇博—田逢军—林青”等为核心的研究团队人数较多、合作网络较为健全（见表 4 –3）。但总体上看，各研究团队或小组之间尚未显示明确的合作关系，大部分都处于孤立状态。此外，各研究者之间的合作关系多局限在同一机构，机构之间、区域之间的合作关系较少。

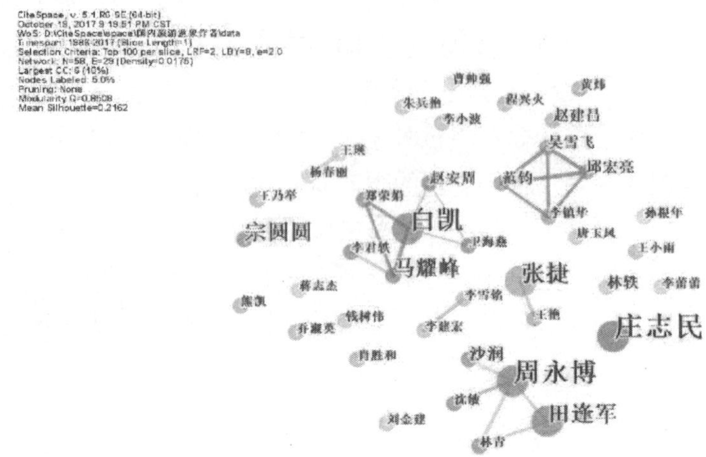

图 4－7　国内旅游意象研究作者合作网络

表 4－3　核心作者及其所属单位分布

序号	作者	机　　构	序号	作者	机　　构
1	白凯	陕西师范大学	8	宗圆圆	闽江学院
2	马耀峰	陕西师范大学	9	沙润	南京师范大学
3	庄志民	华东师范大学	10	卫海燕	陕西师范大学
4	张捷	南京大学	11	吴雪飞	浙江旅游职业学院
5	周永博	苏州大学	12	范钧	浙江工商大学
6	田逢军	江西财经大学	14	李雪铭	辽宁师范大学

资料来源：CiteSpace 软件及作者统计结果。

（3）研究热点分析。

通过分析关键词的中心性来探讨旅游意象的研究热点。一个关键词的中心性越强，意味着它控制的关键词之间的信息流越多，该关键词与其他关键词在文献中共现的次数就多。中心性高的关键词代表着一段时间内研究者共同关注的话题，即某学科或领域的研究热点（张达、石云、李魁明，2015）。选择节点类型为关键词，对文献中出现的关键词词频及其中心性进行统计。如表 4－4 所示，历年中心性大于 0.1 的热点词汇包括“文化意象”（0.41）、“乡村旅游”（0.38）、“城市意象”（0.28）、“旅游开发”（0.18）、“翻译策略”（0.16）”、“景观规划”（0.15）、“体验”（0.12）、“旅游地意象”（0.10）、

"内容分析"（0.10）、"历史街区"（0.10）等，这反映了国内旅游意象研究在推进、发展过程中关注领域的聚焦与变化。结合文献回溯与分析可知，该领域研究热点从旅游形象中有关概念、内涵及原理等概念性研究逐步向实证研究发展。其中，乡村旅游是旅游意象作为新概念研究的对象。景观设计逐渐成为旅游意象应用的新方向。

表 4－4　　关键词共现频次、中心性及年代

序号	频次	中心性	年份	关键词	序号	频次	中心性	年份	关键词
1	30	0.41	2006	文化意象	11	11	0.10	2014	内容分析
2	14	0.38	2010	旅游	12	5	0.10	2007	历史街区
3	43	0.33	1999	乡村旅游	13	3	0.10	2013	接受美学
4	43	0.28	2006	城市意象	14	10	0.09	2009	旅游体验
5	13	0.18	2007	旅游开发	15	8	0.09	2010	空间意象
6	5	0.16	2013	翻译策略	16	4	0.09	2014	异化
7	6	0.15	2009	景观规划	17	13	0.08	2007	景观
8	4	0.12	2011	体验	18	16	0.07	2007	旅游文本
9	9	0.11	2013	城市意象	19	7	0.07	2007	感知
10	16	0.10	2009	旅游地意象	20	2	0.07	2016	旅游经济

资料来源：CiteSpace 软件统计结果。

如研究热点图谱（见图 4－8）所示，频次和中心性排在前列的关键词文

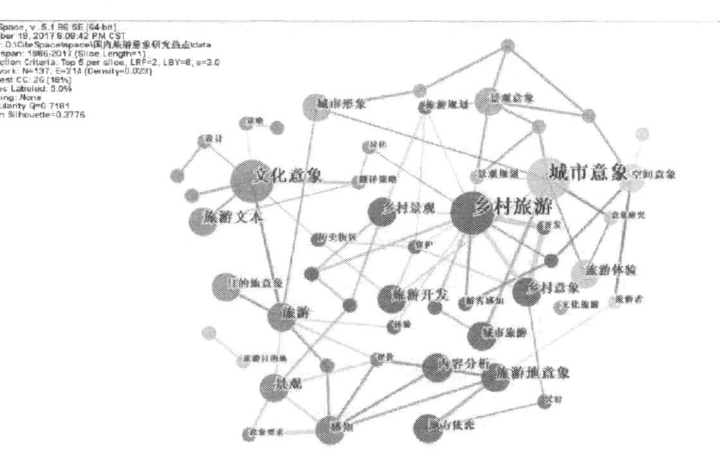

图 4－8　国内旅游意象研究热点图谱

化意象、乡村旅游、城市意象处在网络的核心位置，其他频次与中心性较高的词汇涵盖了旅游意象领域的研究对象、内容与方法。

本书将旅游意象研究归纳为文化、乡村旅游、城市旅游三大主题，并论述各主题的相关具体研究，以梳理旅游意象领域的研究现状。

①以文化为主题的旅游意象研究可以分为以下三个方面：

第一，将意象作为解决旅游发展中出现问题的切入点，进行旅游目的地的开发规划与保护。中国知网以文化意象和旅游为主题进行检索得到的最早的相关文献为《景观意象导向型古镇遗产保护与可持续规划理论初步研究——以建设部〈历史文化名镇村保护规划编制技术导则〉（草案）为例》。研究将意象概念引入古镇旅游资源的保护与规划开发中，指出景观意象是古镇保护和旅游的共同对象和共同点。通过对历史文献和旅游流的实证研究，对古镇的景观意象的特征进行了分析，并在此基础上提出了古镇遗产保护和开发规划的基本理论体系，弥补了过去历史文化名镇（村）保护实践中只重视单个物质文化遗产保护的不足，也比已有历史文化名城三层次保护模式更为深入具体，对历史文化名镇（村）非物质文化遗产保护从观念到方法均有所拓展。同时基于古镇综合意象理论提出了古镇遗产资源的分类（张捷、赵勇等，2006）。戴湘毅、王晓文（2007）解释了历史文化街区旅游发展中出现的项目仿造跟风，街区过度商业化等问题——主要原因是其中的文化内涵没有深入挖掘，资源本身所含的文化意象没有被塑造和强化，历史街区的发展必须要在文化意象的基础上展开并提出了历史街区发展的模式。赵磊（2009）以山东省嘉祥县为例提出历史文化名城文化旅游形象的定位和产业发展战略，文章将意象理论在旅游地形象设计中“意”与“象”的相互生成机制运用到嘉祥文化旅游形象定位的整个过程中，抽象提炼出嘉祥文化旅游形象的核心定位，进而在意象理论的创新技术路线指引下，通过主题演绎与载体设计，提出最优的文化旅游产业发展战略对策。张建忠、孙根年（2012）以五台山为例，基于文化意象视角，探讨宗教遗产地旅游文化内涵挖掘。指出旅游者体验的根本是强调“过程消费”，深层文化体验和感知。旅游产品的开发和旅游意象的塑造必须是在旅游市场、游客结构分析的基础上，发挥本地遗产旅游资源优势，体现有特色、有优势、能竞争、潜力大、可持续的基本理念。对其开发必须尽可能地突出地域性、文化性与其他佛教旅游地的差异，即要突出佛教旅游产品的民族特色，增强地方特色，努力反映属于自己的历史与文化。五台山要定位于“神”与

"深"上。在"深"的定位上，以文殊道场作为媒介和吸引要素，深入研究发掘佛教文化内涵。在"神"的定位上，以智慧舞台为引线，努力阐释宗教智慧、建筑智慧、音乐智慧，构建智慧的快乐大本营。高楠等（2016）对石窟型世界文化遗产地旅游意象进行了研究。以云冈石窟为例，基于网络日志、点评以及深度访谈数据，扎根理论和文本分析法进行分析归纳，并对两者结果进行比较。研究发现，采用两种测量方法获得的云冈石窟意象呈现相对一致性，云冈石窟旅游意象正面感知因素包括气势恢宏、高超的雕刻技艺、精美的彩塑壁画、便利的交通条件、优美的景区环境、佛教圣地、浓郁的异域风情 7 个方面；负面感知因素集中在 6 个方面，分别为旅游景观破坏、旅游体验、旅游商品、旅游环境、旅游服务、旅游基础设施。同时这一阶段还包含一些蕴涵丰富文化内涵的少数民族地区的旅游开发研究。黄炜（2008）立足于湘西浓郁的民族文化风情和鲜明的地域文化特点，构建了独具魅力的旅游品牌意象的体系框架，以进一步提升湘西旅游品牌的竞争力。张慧、王策（2007）认为民族文化资源是民族地区旅游业发展的突破口，充分挖掘民族丰富的文化资源，通过文化创造，将哈萨克民族文化渗透到各种物象和意象的旅游产品中，并通过游客的参与使民族文化得到提升天山天池哈萨克民族文化乡规划的重点内容。

第二，以细分文化元素为对象的旅游意象研究。滕腾（2011）通过剖析巴马村长寿文化意象，提出培育巴马村长寿旅游文化产业的构想，从自然环境和社会环境这两个方面进行科学规划发展以长寿文化为核心的休闲养生旅游业。曹帅强等（2017）将景观这一文化符号作为研究对象，以靖港古镇为例，根据景观基因及其图谱理论，探寻了该古镇景观主体基因图谱，构建并运用了"画卷式"旅游规划模式。研究表明靖港古镇宜居宜业的生态文明是主体基因图谱表达的画卷模式；军事科教的活动体验是内在唯一基因图谱表达的画卷模式，地方性很强的民俗活动是外在唯一基因图谱表达的画卷模式；宗教文化活动是局部唯一基因图谱表达的画卷模式。张玲（2017）梳理了关于酒文化旅游的相关研究的现状。指出现有研究主要聚焦于酿酒产业发达地区、拥有民族特色酒文化地区的酒文化旅游发展，也涌现了较多的葡萄酒文化旅游的研究。白凯等（2011）以欧美入境旅游者为主体研究对象，研究了跨文化群体游客对我国目的地意象色彩认知的特点及基础规律。段晓赛等（2016）提出将文化意涵搭载于纪念品中的"8 TRANS"旅游文化纪念品设计方法并以台湾兰屿乡为例，使用“8 TRANS”方法指导其旅游文化纪念品设计。研究表明基于意象传达与符码转换理论设计的旅游文化纪念品，能较好地体现了地域文化特色，这为旅游文化纪念品的设计研究提供了可供借鉴的思路与方法。张洁夫等（2011）研究了以壮乡民族文化中“刘三姐”这一文化元素为题材编排的《印象·刘三姐》山水实景演出对旅游和地方文化融合的旅游文化创意产业的借鉴意义。

第三，有关旅游意象的文本翻译策略研究。张宏（2007）用“翻译目的论”，从直接保留意象、保留意象加注解、转换意象、省略意象四个角度阐述文化意象在绍兴个别景点语篇中的翻译，让外国游客更直观、更好地了解绍兴的历史、人文和景观。任小玫（2009）从《徐霞客游记》现存英译本所涉及的地名英译切入，通过汉语拼音方案的运用之于国家统一形象、地名翻译的范式及其变通以及音译、直译与文化传神意译原则之于国际交流意象，引出对旅游地名翻译的范式及规范管理可能的向度的探讨，并上升到中国文化对外传播与文化软实力建设的关系问题。刘士祥等（2014）归纳了文化意象缺省、空缺、冗余等相应的翻译策略，探究如何更恰当地传递源语文化意象，以便捷跨文化旅游，服务国际旅游岛建设。阳琼（2017）通过自建小型旅游外宣文本英汉双语平行语料库，将外宣文本中的文化意象分为山水文化意象、民俗文化意象、历史文化意象和饮食文化意象。并论证了阐译法、仿作法、改译法和编译法等变译方法，对重塑原文中的旅游文化意象，实现旅游外宣文本的呼唤与劝说功能所起的作用。

②以乡村旅游为主题的旅游意象研究主要从以下三个方面展开：

第一，乡村文化意象。张艳等（2007）强调乡村文化意象的重要性，指出在乡村旅游开发中要注重浓郁的乡村文化意象，采用文化观光型模式、文化体验型模式或文化综合型模式开发出乡村文化旅游系列产品，突出乡村旅游产品的文化特性。

第二，乡村意象。熊凯（1999）首次将“意象”的概念引入乡村旅游，分析了乡村意象的丰富内涵。同时，在分析乡村旅游含义及特点的基础上，论述了乡村意象与乡村旅游的联系，最后对我国乡村旅游的开发提出了几点建议。张昊宇等（2012）提出乡村意象概念作为区别于城市意象，是乡村旅游的核心吸引力。自然景观的保护、生产景观的打造与乡村文化景观的挖掘紧密结合、统筹规划是乡村旅游走可持续发展方向。

第三，乡村景观意象。范建红等（2010）通过问卷调查和感知地图，对珠江三角洲乡村景观中的人从主观感知的角度进行了景观空间意象差异性分析，发现不同地域、不同文化及不同年龄的人对乡村景观有不同的空间感知及不同的理想乡村景观构想，但其共同点是希望乡村景观在发展的过程中能保留其优秀的地域性景观特色和延续地方场所精神。从物质景观形态和精神景观形态两个角度，刘帆等（2014）对乡村景观意象与形态构成进行深入研究，得出结论：理想的乡村景观意象应以建设良好的乡村人居环境，维持保护生态环境和农业经济的可持续性为目标，并结合自己的景观资源优势进行拓展。此外，乡村景观意象在旅游规划中的应用也引起了学者的关注。如王小雨等（2012）从乡村景观意象规划入手，在总结前人对乡村景观意象的理论研究的基础上，结合哈尔滨市哈南新城寒地休闲农庄规划设计项目对乡村景观意象进行了新的解读，提出了寒地乡村景观意象的内容与特征要素，并根据寒地乡村的基本特点，探讨了具有满族风情的寒地休闲农庄景观规划设计方法，为寒地乡村发展地域特色性乡村旅游建设提供规划设计实践参考。杨培生等（2016）以乡村景观意象为前提，介绍了生态农庄旅游景观规划设计方法，将“生态、休闲”定为生态农庄旅游景观规划设计的主题，要求在乡村景观意象的基础上，以自然乡村景观为主线，对当地村落民俗进行充分利用，进行原生态旅游线路的规划。同时，通过具体案例，将农业资源、乡村风情融入其中，充分增添其乡村休闲气息，在休闲度假中让旅客感受植被景观，近亲自然，放飞心情。

③以城市为主题的旅游意象研究。李瑞（2004）通过比较分析、实证分析和资料查阅相结合，得出旅游者的旅游意象建立在对城市旅游意象要素感知的基础上的结论，并指出通过对城市旅游意象要素的空间组织和设计，可加强旅游意象要素的可意象性，使游客产生强烈的感知。朱剑峰（2007）尝试从城市意象五大元素的角度探讨城市意象在城市旅游中担当的角色。分析城市意象与城市旅游的关系，并提出通过提升城市意象推动城市旅游发展的观点。乌铁红（2007）侧重城市旅游形象设计理论的探讨，在回溯城市旅游形象研究与设计现状的基础上，分析研究国内城市旅游形象设计中存在的问题，重点强调了城市历史文化剖面和民族文化截面对城市旅游形象定位的影响。她认为，旅游形象设计必须能延续历史剖面，寻找亮点，并与空间内其他城市相比较，以体现城市旅游形象的多元性；也应该在历史文脉基础上映射历史与现实、中

华文化的共性与地方文化的个性、经济效益和社会效益协调“共生”的城市空间，以明晰的口号反映城市的历史剖面和城市共生空间。同时城市旅游形象设计者需要给予旅游者民族文化的截面和能表现民族文化的符号，来演绎民族特色，满足其对于民族文化表演和商品化的需求特征。程胜龙等（2008）运用数理统计分析和CIS方法，概括了兰州旅游形象的文化识别，归纳了兰州市旅游意象的精髓，为兰州旅游形象进行一级定位并设计兰州的二级旅游理念，在此基础上建立兰州旅游形象系统及宣传口号。侯兵、黄震方等（2009）认为城市意象具有显著的时空维度特征，对城市旅游形象定位十分重要。基于扬州城市旅游形象的演变历程，得出城市旅游形象塑造中存在的问题与启示。研究表明城市旅游要关注城市历史和文化生态，注重城市意象的历史承袭来确立独特的竞争优势，有效规避城市之间的同质化竞争。其中涉及地方感、认知地图及城市空间意象等内容的研究也在这部分内容中占重要地位。除旅游城市形象的研究以外，地方感、空间感知等也是这部分的主要研究内容。白凯等（2012）选择韩国为研究对象，以非结构式和结构式研究相互结合的方式，研究分析了韩国潜在游客对中国的旅游目的地意象认知及行为意图，研究结果显示，韩国潜在游客对中国的旅游目的地意象认知由四个基本维度构成，分别是平和、愉悦、动感与现代，其中，平和、愉悦和现代与旅游目的地意象呈正相关关系；韩国潜在游客对中国的旅游目的地意象认知与其行为意图呈正相关关系；中国旅游目的地意象的平和、愉悦特征对韩国潜在游客行为意图有明显的正向影响，呈正相关关系。徐国良等（2012）探讨福州市三坊七巷历史街区游客意象空间构成情况，揭示不同属性特征的游客对三坊七巷历史街区意象空间感知的分异性特征。借助城市意象理论，首先采用深入访谈法，基于游客自身的游览体验描述，总结出游客意象空间因子，其次借鉴相关文献资料，总结出每种意象空间因子包含的最具代表性的意象空间元素；最后采用问卷调查法，详细了解游客对意象空间因子及元素的感知情况。此外，城市意象在旅游规划研究中也有一定体现。车震宇（2010）应用城市意象的理论，结合西双版纳州州府景洪市的城市旅游规划，把城市意象五要素应用到该规划编制中，对旅游意象要素系统进行设计和组织，使游客对城市产生强烈的感知，塑造了良好的城市旅游意象，以期探索一种编制城市旅游规划的思路和方法。

4.2.2　国外旅游意象研究综述

（1）发文量分析。

国外有关旅游意象的相关研究最早可追溯到 1971 年，Hunt 在其博士论文研究中，成功将意象的概念融入旅游目的地研究中。自此，该研究命题得到学界的广泛认可，并逐步成为现代旅游研究的热点命题和旅游目的地市场细分、市场定位及竞争分析的重要工具。图 4 –9 的发文量趋势图能反映出国外旅游意象研究文献发表数量的变化情况和总趋势。以“tourism image”为检索主题，从 WOS 数据库中共检索到 2977 篇文献，涵盖了 WOS 中的 *Web of science* 核心合集、*Russian Science Citation Index*、*Scielo Citation Index* 和 *Kci* 数据库。从不同年份的发文量可以看出国外旅游意象研究总体呈现波动增长趋势。其中 2011 年达到峰值，共有 1439 篇文献，并作为分水岭将整体分为两个阶段。2011 年以前总体成增长态势，其中 2000 ~2005 年持续快速增长，从 19 篇激增到 1188 篇。2009 年减少到 972 篇并再次增长。2011 年至今，总体发文量减少，并于当前处在下降趋势。

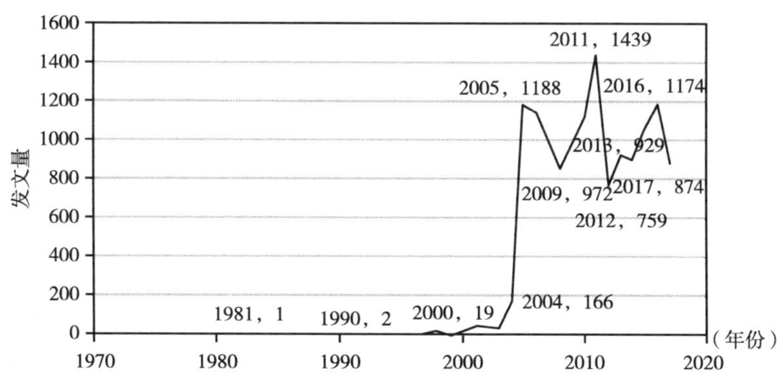

图 4 –9　国外旅游意象研究文献发表数量

（2）重要研究机构及作者分析。

由于国外旅游意象研究相关文献数据数量众多，使用 Citespace 难以形成良好的视图效果反映分析对象间的联系，故选取 2002 ~2017 年相关数据重点分析研究作者和机构相关特征（以下部分采用同样的时间段），根据数据特征，设置相关参数为 TOPN30 得出研究作者共现网络。从图 4－10 中可以看到，国外旅游意象研究领域已经形成了位于中心位置的以 Pan Steve－Ryan Chris 为核心的合作团队。同时也形成了其他小范围间的研究合作团队，如 Lin Yueh－Hsiu 和 Chen Chun－Chu 之间、Molina Arturo 和 Gomez Mar 之间的合作等。同时，各核心作者的引文数量如表 4－5 所示。其中 Pan Steve 数量最多排名第一，其他在合作网络中有突出地位的作者的引文数量都排在前列。国外旅游意象研究领域众多的合作关系说明国外学者注重合作交流，且多是机构之间，区域之间的合作。例如，Pan Steve 来自 Hong Kong Polytech University 和 Ryan Chris 来自 Univ Waikato、Chen Chun－Chu 来自 Univ Idaho 和 Lin Yueh－Hsiu 来自 Natl Kaohsiung Univ Hospitality & Tourism。多种合作关系也使作者的研究视角多元化，丰富领域的相关研究。

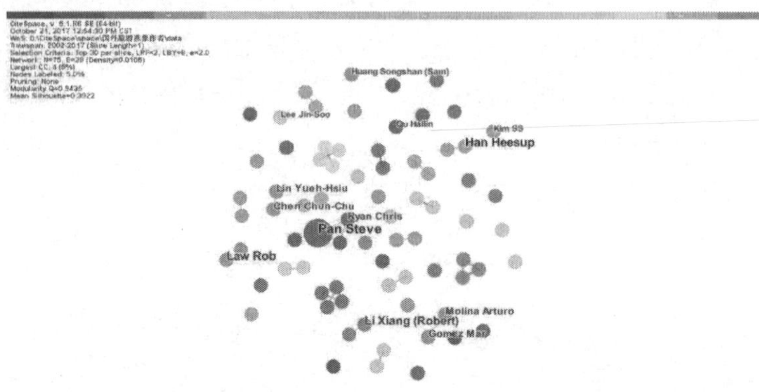

图 4－10　国外旅游意象研究作者合作网络

表 4－5　　核心作者引文数量

Citation counts	References	Cluster #
7	Pan Steve，2011	1
6	Han Heesup，2013	9
6	Law Rob，2011	19
5	Li Xiang（Robert），2013	5
4	Lin Yue－Hsiu，2013	7
4	Molina Arturo，2013	4
4	Chen Chun－Chu，2013	7

续表

Citation counts	References	Cluster #
4	Ryan Chris，2013	1
4	Gomez Mar，2013	4
3	Lee Jin – Soo，2013	20

资料来源：CiteSpace 软件统计结果。

对应于研究机构合作网络 Timezone view（见图 4 – 11），更加清晰地在时间轴上呈现各研究机构涉足研究时间，合作紧密程度及其发展趋势。其中从 2003 年起 Texas A&M University 和 Griffith University 最先涉足该领域研究，Hong Kong Polytech university 从 2009 年起成为旅游意象研究领域的领军机构，同其他机构形成最为密切合作网络。来自 Hong Kong Polytech University 的 Pan Steve 也正是该领域研究合作的核心人物。同时，图中曲线的密集程度也反映出国外此研究领域中的合作关系呈现日趋紧密的趋势，学界更加注重研究机构团队间的合作。

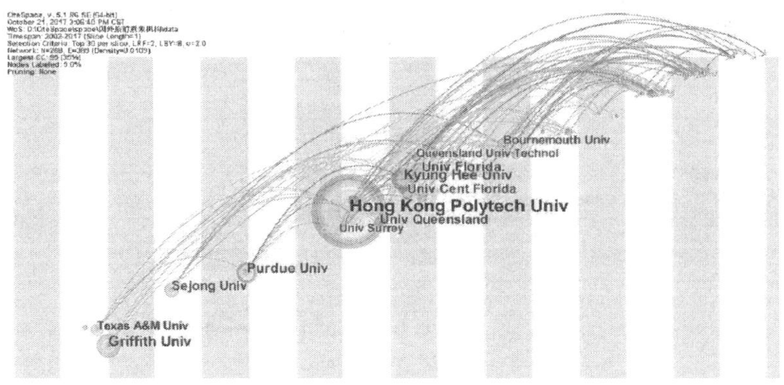

图 4 – 11　国外旅游意象主要研究机构合作网络

（3）参考文献分析。

当某一篇文章被引频次较高时可以侧面反映出该篇文章被学术共同体的认同度。被引频次越高，其影响力越大，越有利于找出核心文献。使用 CiteSpace 对 cited reference 进行聚类分析，设置相关参数为 TOPN50 得出如图 4 – 12 所示的国外旅游意象研究被引文献的共引图谱。通过参考文献的分析可以明晰研究领域中起到重要作用的文献之间的聚类关系，同时采用 LLR 的算法得出的标签值提取出了各聚类文献的主题。如图 4 – 12 所示，旅游意象研究领域涉及了游客满意度、名人参与、旅游摄影和概念化意图等相关内容。具体如高频被引文献前九位如表 4 – 6 所示，其中突现性反映了该文章的发表对所在领域影响较大，使相关研究发生了突然如研究方向、研究内容、研究方法等的改变。*Factors influencing destination image* 是突现性最高的文章，Beerli (2004) 基于文献综述，分析了不同感知形象的构成和影响因素之间的关系，构建了解释形成游后地方形象的模型。内容涉及信息的来源、刺激影响形成目的地游前游后的感知和评价因素以及评价了游客体验和社会人口特征。

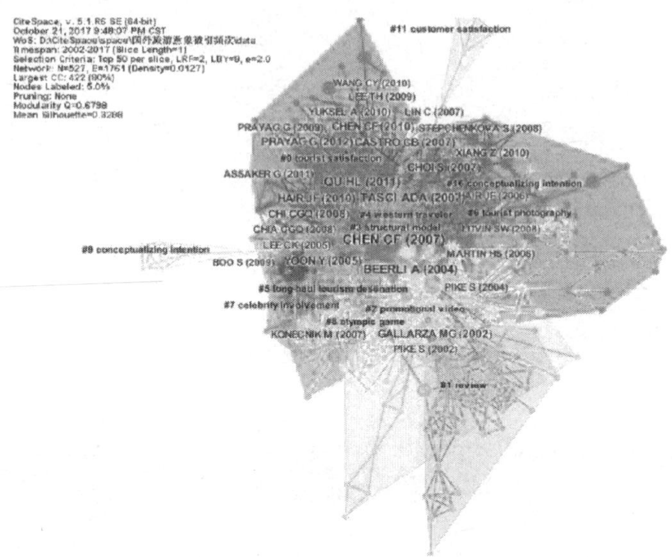

图 4 – 12 国外旅游意象主要研究机构合作网络

表 4 – 6 国外旅游意象研究文献共被引频次表（被引频次前 9 位）

作者	文献名称	年份	文献来源	被引频次	突现性
Chen CF		2007	TOURISM MANAGE	108	10. 12
Beerli A	Factors influencing destination image	2004	ANN TOURISM RES	83	26. 79
Tasci ADA	Measurement of destination brand bias using a quasi – experimental design	2007	JOURNAL OF TRAVEL RESEARCH	65	5. 19
Qu HL	A model of destination branding: Integrating the concepts of the branding and destination image	2011	TOURISM MANAGE	65	12. 84

续表

作者	文献名称	年份	文献来源	被引频次	突现性
Hair JF	Cooperative strategies for improving the tourism industry in remote geographic regions: An addition to trust and commitment theory with one key mediating construct	2010	MULTIVARIATE DATA AN	59	11.82
Castro CB	The influence of market heterogeneity on the relationship between a destination's image and tourists' future behavior	2007	TOURISM MANAGE	56	4.36
Choi S	The Relation between the Components of Spatial Image and Visitors' Satisfaction in a Traditional Cultural – Tourism Site	2007	TOURISM MANAGE	54	7.28
Yoon Y	An examination of the effects of motivation and satisfaction on destination loyalty: a structural model	2005	TOURISM MANAGE	52	13.08
Chen CF	Experience quality, perceived value, satisfaction and behavioral intentions for heritage tourists	2010	TOURISM MANAGE	51	8.03

资料来源：CiteSpace 软件及作者统计结果。

（4）研究热点分析。

关键词作为文章的核心和精髓，它的中心度和频次代表着一段时间内研究者的关注点。节点越大代表该节点出现的频次越大，相应就表示该节点所代表的关键词热度越高，两节点之间连线的粗细代表这两个节点共现频次的高低。经过分析，共有节点（Node）共 844 个，连线（Line）4183 个。如表 4 – 7 在前 20 个关键词中出现的高频词中，“Destination image”是最大的节点，词频为 426，其次为“Model”“Satisfaction”等。

表 4 – 7　国外旅游意象研究文献共被引频次表（被引频次前十位）

序号	词频	关键词	序号	词频	关键词
1	426	Destination image	2006	106	Quality
2	284	Model	2010	104	Motivation
3	212	Satisfaction	1999	97	Management
4	155	Perception	2006	94	Intention
5	133	Behavior	2007	93	Destination

续表

序号	词频	关键词	序号	词频	关键词
6	131	Impact	2013	74	City
7	128	Behavioral intention	2009	68	Performance
8	126	Loyalty	2011	65	Identity
9	114	Experience	2013	55	Place
10	109	Attitude	2009	53	Brand equity

资料来源：CiteSpace 软件及作者统计结果。

突变词较高频出现的关键词更适于研究前沿探测（李杰、陈超美，2016）。这部分利用 Burst Terms 进行突变词探测。选取 TOP N = 200 的节点，并采取逐年切片的方式，得到 20 个突变词。图 4－13 显示 20 个突变词分别是

Top 20 Keywords with the Strongest Citation Bursts

Keywords	Year	Strength	Begin	End	2002–2017
city	2002	7.6069	2002	2009	
tourism	2002	25.9719	2002	2008	
consumption	2002	3.3023	2002	2007	
image	2002	6.7264	2003	2008	
authenticity	2002	3.9057	2003	2006	
marketing	2002	6.4278	2003	2009	
destination	2002	4.7707	2004	2010	
behavior	2002	3.197	2004	2009	
globalization	2002	3.0216	2004	2012	
attitude	2002	3.0409	2004	2009	
politics	2002	3.199	2005	2011	
representation	2002	3.9768	2005	2010	
destination image	2002	5.4156	2005	2009	
imagerly	2002	2.9814	2006	2009	
internet	2002	3.266	2006	2009	
care	2002	4.2029	2006	2011	
culture	2002	3.3107	2007	2008	
information technology	2002	3.0283	2008	2011	
africa	2002	4.8452	2008	2011	
discourse	2002	3.2624	2008	2012	

图 4－13　Brust 探测到的主要关键词

city，tourism，consumption，image，authenticity，marketing，destination，behavior，globalization，attitude，politics，representation，destination image，imagery，internet，care，culture，information technology，Africa，discourse。其中，consumption，authenticity 的 Brust 强度相对不足，但突变时间早且持续时间较长构成了国外旅游意象早期研究的重要组成部分；而 Tourism，image，marketing 具有较高的 Brust 强度，是 2002 ~ 2009 年的前沿主题；Representation，culture，care 不仅具有较高的 Brust 强度，而且突变时间较晚是国外旅游意象研究领域关注度较高、较前沿的研究主题。

同样，将国外旅游意象研究归纳为两大主题，即 Destination image 和 Perception。

Destination image——旅游意象基础理论相关研究。该主题的研究主要包括如下几个方面的内容：一是有关旅游意象内涵研究。Kim 和 Richardson 等（2003）认为，旅游目的地意象是一个由理性认知和情感诠释所构成的心理结构。其中，对旅游目的地感知要素的有关知识和所持观念被称作认知意象（cognitive image），而基于个人感觉对旅游目的地所做出的评价则被称为情感意象（affective image），上述两个方面共同构成了旅游目的地的总体意象（overall image）。Hunt（1975）将旅游目的地意象定义为旅游者对其非常住地的印象。Lawson 和 Baud - Bovy 认为，目的地意象是个体对某特定场所的认知、印象、偏见、情感等。Crompton（1979）主张，目的地意象是人们对目的地所持有的信仰、观点和印象的总和。Chon（1990）则认为，目的地意象是个人的信仰、观点、感受、期待、印象与目的地交互作用的结果。Gartner（1993）指出，认知、情感和意动 3 个有层次的、相互作用的因素产生了目的地意象。二是旅游意象的构成及结构研究。在 Gunn 的理论的启发下，Fakeye 和 Crompton（1991）将旅游目的地意象划分为原始意象（organic image）、诱发意象（induced image）和复合意象（complex image）3 个阶段。Gartner（1993）通过意象形成因子的研究得出，意象的形成可视为连续性的过程，每一类型的意象传送途径均不相同，而经不同管道输送到消费者脑海中的讯息会形成个人对地方的印象，依据性质可划分为 5 类，即显性诱导因子（overt induced）、隐性诱导因子（covert induced）、独立因子（automomous）、原始讯息（organic）和到访目的地（visit to the destination）。Echtner 和 Ritchie（1993）提出了旅游目的地意象概念构架，包含整体（holistic）—个别属性（attribute）、功能性（functional）—心理学（psychological）、普遍（common）—独特（unique）3 个连续性维度。Balogulu 和 McCleary（1999）同样也提出了由三个基本维度构成的旅游目的地意象：认知意象（cognitive image）、情感意象（affective image）及其两者共同构成的旅游目的地整体意象（overall image）。Beerli 和 Martín（2004）则从实证层面对 Balogulu 和 McCleary 所提出的旅游目的地意象的构成进一步研究发现旅游目的地意象成因主要受个人因素（personal factors）和讯息源（information sources）影响（见图 4 – 14）。Tasci 等（2007）在分析以往研究文献的基础上，提出了旅游目的地意象构成的互动系统，该系统将旅游目的地意象的形成划分为 4 个相互包含与递进的圈层，核心圈层的旅游目的地意象存在普遍（common）—独特（unique）关系；经由核心圈层而形成旅游目的地意象的基本属性（attributes）特征；由此而引发旅游目的地意象存在 3 个基本维度，即认知（cognitive）意象、情感（affective）意象与行为（conative）意象；最后所形成的是旅游目的地的整体（holistic/overall）意象。Ritchie 从 3 个维度建构旅游目的地意象，认为旅游目的地意象包括基于个别属性的（attribute – based）和基于整体的（holistic）两个成分，每个成分都含有功能的或有形的（functional or tangible）和心理的或抽象的（psychological or abstract）特征，而这些功能的和心理的特征又可以进一步分为普遍的（common）和独特的（unique）属性意象—情感意象—整体意象模型。三是旅游目的地意象形成过程研究。Reynolds（1965）将意象形成的过程描述为“在全部信息中选择若干印象，并在此基础上形成一个心理结构的过程”。Fakeye 和 Crompton（1991）在 Gunn 的理论基础上提出复合意象（compound image）的概念，主要指旅游者在旅游活动完成之后形成的目的地意象。Gartner（1993）根据信息的来源和目的地对信息的操控度以及因此导致的信息可信度和渗透水平的差异，提出以“明显引致Ⅰ（overt inducedⅠ）、明显引致Ⅱ（overt inducedⅡ）、隐含引致Ⅰ（covert inducedⅠ）、隐含引致Ⅱ（covert inducedⅡ）、自发（autonomous）、主动原生（unsolicited organic）、诱发原生（solicited original）和原生（original）”8 大类型为标准对原生意象和引致意象进行进一步划分，体现了不同信息源对旅游目的地意象的影响差异。Gallarza 等（2002）将旅游目的地意象的形成过程分为动态过程和静态过程，动态过程体现了目的地意象自身的形成规律，而静态过程则注重于目的地意象与旅游者行为之间的关系。此外，Gallarza 等人的研究还明确指出，旅游目的地意象的动态变化取决于时间和空间两个变量，时空变化是旅游目的地意象形成的基础。这揭示出旅游目的地意象变迁的基本特征，为研究其形成的动态过程提供了视角和方向（周永博、沙润，2010）。Baloglu（2001）以熟悉度指数作为中间变量来研究旅游目的地意象，并将熟悉度定义为目的地信息与旅游者游前掌握信息和经验的综合体，研究结果表明熟悉度与旅游目的地意象之间呈现显著的正相关关系。同时研究还指出，性别、年龄、婚姻状况、教育以及收入水平等人口统计变量对熟悉度这一潜变量并无显著影响，旅游目的地意象是由旅游者对目的地访问前的间接了解和访问后的直接体验所共同决定的；低熟悉度群体的目的地意象往往依靠商业信息来建立，而高熟悉度群体的目的地意象则由非商业信息构成。Frías 等（2008）从信息处理的视角出发，对受互联网和传统旅游代理商影响的不同旅游目的地意象进行了比较研究，研究指出口碑等独立信息源在目的地意象形成中的重要作用，并系统论述了目的地“信息过载”（information overload）的危害性，认为“信息过载”是目的地意象混乱的重要原因。Echtner 和 Ritchie（1993）最早涉及心理层面，其中“三个连续体”理论中所提出的“功能—心理”连续体中的心理要素研究在学界影响广泛影响。接着 Martín 和 Bosque（2008）的研究也从探讨了旅游目的地意象形成过程中的心理因素，提出价值观与动机等心理因素对目的地意象的形成产生的影响。四是旅游地意象形成影响因素研究。首先旅游供给方发射性因素对旅游地意象形成的影响研究。Burgess 很早就提出信息源的类型、质量和数量将决定旅游者更偏爱的旅游意象类型。在这部分研究中，学者主要侧重信息源对旅游地意象影响的研究，而信息源数量对旅游地意象形成影响的研究较为罕见。Baloglu 和 Mccleary（1999）认为，影响旅游地意象的因素有刺激性因素和个人因素之分。信息源不仅是构成刺激性因素的主要组成之一，它的类型和数量还都影响着旅游地意象。具体来说，信息源影响着意象认知评估（形成），但情感部分并不受其影响。其次，旅游需求方接受性因素对旅游地意象形成的影响。这一部分研究内容主要针对社会人口统计学特征，经过实证研究得出人的认知意象和情感意象同时受社会人口统计学特征的影响。Husbands（1989）研究得出年龄和教育变量显著影响了赞比亚利文斯敦（Livingstone）居民的感知。Walmsley 和 Jenkins（1993）研究了性别和年龄如何对情感意象的变化产生影响，并以澳大利亚新南威尔士北部海岸的几个度假地为案例地进行实证研究。Stern 和 Krakover（1993）对不同的教育水平团体的变化是否会对旅游地意象形成的三个部分（认知、情感和整体意象）因果的强度和方向产生影响进行了研究。Martín 和 Bosque I A R del（2008）对动机、文化价值等心理因素对旅游者参观前的旅游地意象进行了研究。

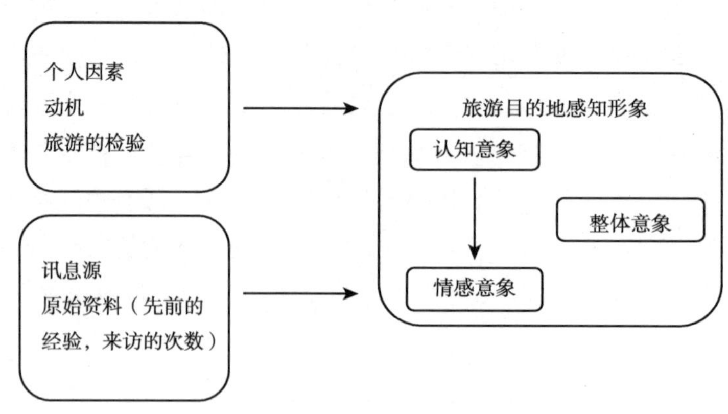

图 4－14　旅游目的地意象形成的路径模式

第二大主题是有关旅游意象感知与认知的研究，包括如下几个方面的研究内容：

第一，有关旅游感知意象（多数学者将 tourism perspective image 译成旅游感知形象，本书为靠近主题译为意象）的影响因素研究。相关研究者分析研究了旅游目的地感知形象的影响因素，通过研究表明旅游感知形象与旅游者或潜在旅游者的行为动机、旅游决策、服务质量的感受以及满意程度等因素存在密切关系（Goodrich，1977；Pearce，1982；Phelps，1986；Calantone，1989；Echtner and Ritchie，1993；Milman and Pizam，1995）。Mayo（1981）认为景色、气候和交通等方面的差异会使旅游感知形象产生变化。Anderssen 和 Colberg（1978）也通过研究表明目的地的感知形象存在 8 种属性差异。Goodrich（1978）认为旅游者对旅游目的地感知和判断存在相似性，尤其当旅游者选择旅游目的地时，有相似的影响因素会对娱乐和文化生活模式产生影响。Po－Ju 和 Deborah（1999）通过调查发现，旅游目的地形象主要取决于旅游者或潜在旅游者的行为和社会人口等统计变量。还有学者研究表明态度、行为和社会阶层方面的文化差异也会影响旅游形象的感知（Lewis and Barbara，1991；Mayo and Edward J，1981）。具体来说，不同文化背景、不同国家的旅游者会产生不同的旅游满意度。收入较低和教育水平较低的旅游者、低层社会的旅游者、老年旅游者对旅游形象感知的期望较低，会认为到国外度假是奢侈消费，因而旅游满意度较高（郭英之，2003）。此外，部分学者主要旅游形象感知的影响因素对旅游决策的影响。Crompton（1979）的实证研究表明，不是所有的形象因素都会影响旅游决策。梳理相关文献得知，旅游形象的感知属性可以使得通过感知目的地之间的类似性来识别旅游目的地形象相对于其他目的地形象的优势与劣势。John（2000）为了得出更加客观的旅游感知形象评估，采用了RG方法。通过研究表明这种方法可使旅游感知形象不仅有利于解释旅游者或潜在旅游者各自特有的旅游环境结构，更有可能成为决策的相关因素。还有学者则根据推拉理论，认为旅游者对旅游目的地的感知形象在某种程度上甚至决定了旅游者以及潜在旅游者的旅游动机，因此要更好地研究旅游者以及潜在旅游者行为动机以及相关因素就要理解旅游者所感知的旅游目的地形象（Dann，1977；Crompton，1979；Iso－Ahola，1982；Uysal和Ju－rowski，1993）。

第二，有关旅游感知意象的营销管理研究。Kotler和Barich（1991）认为旅游感形象应建立在旅游者对旅游产品和旅游服务的预先评估假设基础之上。Sheth，Newman和Gross（1991）建立了旅游感知形象的市场选择消费模型，包括功能、社会、情感、认知、环境等多维消费营销管理的价值研究。Ercan和Sevil（2000）认为旅游市场营销者、广告宣传者和旅游目的地促销者，应关注旅游营销中男性和女性的关系。Butler从游客需求周期理论出发，认为新型旅游目的地感知形象的市场营销可能会有营销过度的现象，旅游目的地有一定的承载力，当供给方的推动力引来的旅游需求超过了目的地承载力的临界线时旅游者就不会再选择这个旅游目的地。Gartner（1987）利用Gartner和Hunt的研究数据，从不同尺度的层面确定更有效的旅游市场细分。

此外，有学者还从摄影的角度研究了图片与旅游意象的交互关系，在提取到的关键词（imagery）中也反映出此为一较为主要的研究分支。宗圆圆（2013）梳理了旅游摄影图片学主要研究成果，研究表明，西方学界从旅游摄影与旅游凝视、视觉印象的交叉研究、旅游拍摄内容分析在旅游意象上的运用、旅游摄影对主客双边的影响这三个领域来构建旅游摄影图片学的理论视角和技术运用。国内相关研究则表现在西方理论引入和借助VEP技术或照片内容分析运用于测量旅游意象、审美、社区关系等目的地开发依据方面。为研究我国区域旅游意象、不同文化体系的主客关系等热点问题提供了新的研究视野和技术参考。MacKay和Markwell等（2004）借助旅游摄影图片对区域旅游意象进行全面构成要素分析。董玥、徐薛艳（2016）以枫泾古镇为例，以蚂蜂窝网络社区为平台，利用质性分析软件 NVivo 以及旅游凝视理论，通过对比分析网络社区上传的与官方宣传的摄影照片，从图片中挖掘新时代背景下游客旅游意象的转变，从而发现网络平台对枫泾古镇形象构建的变化与影响。

4.2.3 研究述评

综上所述，文化、乡村以及城市是我国旅游意象研究的主要切入点；影响因素的测定、形成过程、结构框架及组成部分等都是基础理论探讨的主要内容；与案例结合的实证分析在旅游意象的研究中占有很大的比重，但对于探讨分析方法和技术的研究相对较少，也很少有借用其他学科的相关研究方法来研究旅游意象的研究成果；学科融合主要体现在主题的延伸而非方法的移植，这是今后国内旅游意象研究的发展方向之一。

国外旅游意象研究延续了西方学术研究的传统，十分注重对于概念本身的辨析和理论基础的探究；研究内容主要集中目的地旅游意象和游客对旅游意象的认知评价两个方面；有关目的地旅游形象一直是国外旅游意象研究的热点，而基于游客主体的视角探究认知对游客满意度、游客行为及态度方面的影响也是国外旅游意象研究的重要主题；此外，国外旅游意象研究的跨学科研究趋势比较明显，旅游意象较多涉及了政治、网络、文化等诸多领域。

4.3 本书选题

红色旅游既是我国特有的一种重要的旅游形式，也是爱国主义教育的重要途径之一，在我国现代旅游体系中占有十分重要的地位。当前，我国有关红色旅游的研究内容主要围绕红色旅游资源、红色旅游与地方经济发展以及红色旅游与爱国主义教育三个主题展开，对旅游者主体感知与认知的研究相对较少，存在着红色旅游主体认知研究的缺失。感知与认知是旅游者开展红色旅游活动的基础。旅游意象理论充分重视了旅游者对红色旅游地的主观体验，通过引入人的认知世界的内心模式来探讨旅游者对红色旅游地景区点的认知与感应，以此来建立效果反馈机制并用于指导如何更好地保留红色记忆和传承红色基因，为红色旅游研究提供了新的视角和研究方法，对红色旅游地的规划和管理具有重要的理论价值和现实意义。当前，国内有关旅游意象的研究主要以文化、乡村和城市为主题与切入点展开，但从文化视角切入的旅游意象研究很少涉及红色文化这种特殊文化类型的旅游意象问题的探讨，更少触及对红色旅游意象影响因素及形成规律等深层次内容的研究。

基于此，本书试图将红色旅游和旅游意象这两个研究主题结合起来，从旅游者主体的视角切入，探讨红色旅游地的意象问题，是一个具有前沿性的研究选题；该类研究同时也是国内外旅游研究中一个相对薄弱的领域（米歇尔·霍尔，2007），在这个领域中，无论是理论的研究还是方法的探讨都有较大的提升空间。

第 5 章

案例地选取与研究设计

5.1 案例地的选取

本书选取南昌市作为案例地，主要考虑了如下两个层面的因素：①研究案例地的代表性和典型性。南昌市因英雄城而闻名全国，在我国红色旅游城市中的地位突出，代表性强；南昌市包括八一起义纪念馆、革命烈士纪念堂、朱德军官教育团等在内的一大批红色旅游景区被列为全国红色旅游经典景区，也是城市红色旅游的吸引力源泉，这些红色旅游经典景区发展经历了现代社会背景下的保护更新，具有研究的典型性。②调查主体构成的涵盖面。南昌市作为江西省省会，城市功能复合，旅游者主体构成较复杂，具有主体认知和评价研究的普适性和一定的涵盖面。

5.2 研究目的与研究意义

5.2.1 研究目的

本书旨在从认知和评价层面探讨旅游者对红色旅游景区的意象以及影响这种意象的主要因素及意象形成的规律，在此基础上讨论不同视角的红色旅游意象的整饰策略。研究的目的主要有：一是通过案例研究，深入分析旅游者对特定红色旅游地的意象特征、影响因素及意象生成的规律并探讨红色旅游意象的整饰策略，丰富红色旅游地规划和管理理论；二是通过探索红色旅游认知意象测量量表的设计，为我国红色旅游意象的定量研究提供可资借鉴的方法。

5.2.2 研究意义

理论上，国内学术界对红色旅游的研究长期聚焦在以红色旅游资源或红色旅游地为代表的旅游客体研究上，对以红色旅游者为代表的红色旅游主体的研究相对较少，现有对红色旅游者的研究也主要集中在红色旅游者行为、红色旅游者的价值传承等方面，鲜见对红色旅游者感知、认知和评价等方面的研究。城市意象理论为研究红色旅游者的感知和认知提供了新的切入点，有利于进一步丰富红色旅游研究的主题，完善和深化红色旅游的研究内容。

实践中，红色旅游意象是红色旅游地吸引力的核心组成和独特魅力形成的源泉。基于旅游者认知和评价的红色旅游意象研究对传承红色旅游地的红色旅游意象、增强红色旅游地的辨识度、提升红色旅游地的竞争力意义重大。

5.3 研究内容与技术路线

5.3.1 研究内容

本书的主要内容可概括为三个方面，即红色旅游意象的特征、影响因素及形成规律和红色旅游意象整饰。首先，分别基于旅游者的认知和评价视角探讨了红色旅游意象的特征；其次，在此基础上，分析了红色旅游意象的主要影响因素并探讨了其形成规律及存在问题；最后，分别从认知、评价和意象运行等不同视角提出了的红色旅游意象的整饰策略。

5.3.2 技术路线

通过案例地调查、统计分析、文本分析和心理分析等方法，分别从旅游者认知、评价和网络文本分析的视角对红色旅游意象进行研究，揭示红色旅游意象的特征、影响因素与形成规律，在此基础上总结红色旅游意象整饰策略（见图5－1）。

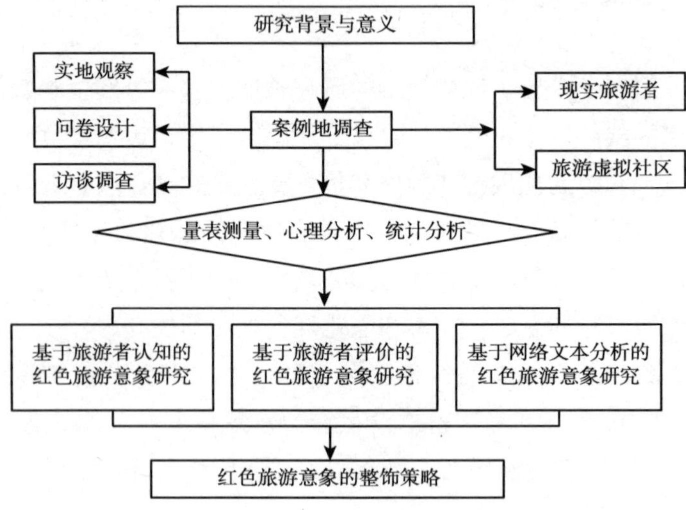

图5－1　研究技术路线

第 6 章

基于旅游者认知的红色旅游意象研究

6.1 研究背景与区域概况

6.1.1 研究背景

近年来，党中央高度重视红色旅游发展，先后颁布并实施了 2004～2010 年、2011～2015 年和 2016～2020 年三个《全国红色旅游发展规划纲要》（中共中央办公厅，国务院办公厅，2004，2011，2016），我国红色旅游获得了长足发展。截至 2016 年年底，我国已有 12 个重点红色旅游区、30 条红色旅游精品路线、300 个红色旅游经典景区、200 个重点爱国主义教育基地（耿诺，2016），全国的红色旅游目的地体系已初步形成。红色旅游城市是一类特殊的红色旅游目的地。一些国内著名的红色旅游城市因历史上发生过重大革命事件而保存有丰富的革命历史遗存、蕴涵着厚重的红色文化，加上其城市功能的复合与多样性，通常是我国重点红色旅游区的中心，如京津冀红色旅游区的北京、天津，沪浙红色旅游区的上海，陕甘宁红色旅游区的延安，黔北黔西红色旅游区的遵义等，这些红色旅游城市往往也是旅游者体验红色文化、重温红色旅游意象的理想红色旅游目的地。

红色旅游意象是特定社会群体对过去革命年代的经验与印象的累积（梁银湘，2010）。红色旅游城市所承载的红色旅游意象不仅在社会主义核心价值观传播中发挥着主体作用（周林、过伟敏，2015），而且是旅游者了解、感知和品读红色旅游城市的“钥匙”，有助于对接和满足旅游者的多样化需求。然而，在我国快速城市化和现代化的进程中，红色旅游城市正经历着日新月异和脱胎换骨的巨大变化。个性特征模糊、景观风貌趋同、红色资源遭损毁等现象在一些城市中不断上演（周林、过伟敏，2015），城市的红色旅游意象也面临着碎忆、错忆和失忆的危机。同时，随着我国当代旅游业的转型升级，旅游消费逐渐从功能性消费向情感性消费过渡，游客的体验性需求越来越受到重视。红色旅游意象是红色旅游中旅游者情感体验与旅游经历的核心组成部分。旅游者主体的行为、心理等因素对旅游体验有重要影响。从旅游者主体的视角切入进行红色旅游意象的旅游者认知研究是建立效果反馈机制，即通过探讨哪些因素影响了旅游者对红色旅游意象要素的认知，进而筛选出那些令旅游者印象深刻的红色旅游意象要素，反向指导如何更好地保留城市的红色旅游意象，不仅有望为城市红色旅游规划与管理提供参考，也有助于更好地传承红色文化与红色旅游意象，发挥红色旅游对国民的伦理教化作用。

6.1.2 区域概况

南昌市是全国著名的红色旅游城市，也是国务院首批公布的全国历史文化名城。1927 年 8 月 1 日，震惊中外的南昌起义爆发，诞生了中国共产党第一支独立领导的人民军队。南昌市不仅有一段可歌可泣的红色革命史，红色文化旅游资源也十分丰富，是一座传承了深厚红色文化基因和独特红色旅游意象的革命英雄城市，被誉为“军旗升起的地方”。

6.1.3 研究概况

《辞海》中对记忆的定义是“人脑对经验过的事物的识记、保持、再现或再认”。西方早期有关记忆的研究主要集中在医学和心理学领域。Halbwachs 是将记忆的研究从心理学转向社会学和文化学的灵魂人物。继 Halbwachs 发表了社会记忆研究的奠基之作《记忆的社会框架》（*Social Framework of Memory*）之后，西方国家的社会记忆研究在 20 世纪 80 年代达到一个高峰，出现了“记忆潮”研究现象（memory boom）（钱力成、琅翮翱，2016）。其中，西方国家有关黑色旅游与社会记忆的研究是与我国红色旅游与红色记忆的研究具有相似性的研究领域。红色记忆是一种特殊的社会记忆（徐克帅，2016），而红色旅游与黑色旅游在内涵上具有相似性（何景明，2012）。近年来，以战争、死亡、暴行等重大事件为核心吸引物的黑色旅游（dark tourism）在欧美兴起，人们通过旅游来获取过去的信息，显示了西方国家借助现代旅游来建构社会记忆的趋势（J. Lennon，M. Foley，2010）。记忆的机制一直是该领域研究者关注的核心问题，旅游者主体视角是其中的重要研究视角。已有研究表明，纪念性空间是记忆得以保存的重要物质性载体，“记忆已经与日常生活脱离，需要依赖人为的纪念地、建筑物、博物馆等一系列外在场所加以保存”（C. Winter，2009）；记忆的形成同时也与历史事件的文本叙述、纪念日、纪念仪式等非物质性的信息载体相关联，而作为记忆主体的旅游者对纪念空间的亲历或知识体验会进一步强化对记忆的记忆（L. A. Rivera，2008）。旅游者记忆生成的影响因素也是被重点探讨的问题。互联网、新媒体的出现影响到了旅游者记忆的方式，并对其记忆的传承产生影响（A. Mantelero，2013）。除了媒介，旅游者自身的因素（C. Paul，2000）、家庭成员关系（H. Mccabe，2010）、旅游动机（P. Cassia，1999）也是影响旅游者记忆的重要因素。西方学者对旅游者记忆机制的理论探讨还没有形成系统的研究结果，相关研究比较分散；实证研究在某些研究内容上尚没有广泛展开，如有关旅游者记忆影响因素、记忆生成规律等内容的研究尚缺少相应的实证研究。同时，由于西方国家与中国在政治历史环境、社会价值观取向和旅游者认知方式上存在着显著差异，西方学者的相关研究结论在中国是否仍然有效，还需要有本土化的相关研究结果进行验证。

我国社会记忆研究的“记忆潮”现象在 2000 年以后才开始出现，至今已有不少研究成果（钱力成、琅翮翱，2014），但社会记忆研究中与红色记忆有关的成果还比较少见。其中，红色记忆与（国家、政党）认同的关系（梁银湘，2015）、红色记忆的建构与形塑（梁化奎，2017）是被重点探讨的内容，国家权力视角和历史变迁视角是该领域研究者较多采用的研究视角，记忆主体视角的研究相对缺乏；也有研究者尝试将社会记忆与红色旅游结合起来进行研究，探讨红色旅游对社会记忆的建构作用（徐克帅，2016），但这样的研究十分少见。总体上看，国内为数不多的红色记忆研究主要以定性研究为主，多是对红色记忆的描述性分析（杨乃乔，2014；梁银湘，2015；梁化奎，2017），尚缺乏深入的理论探讨和实证研究。

纵观西方国家已有的社会记忆研究，与红色记忆有相似性的研究成果已颇为丰厚，且已渗透到旅游学研究领域，但理论研究的系统性和实证研究的深度和广度还需要加强，其相关研究结果在我国是否适用也有待进一步的验证；国内红色记忆的研究成果还比较少见，更少有将红色记忆与红色旅游结合起来进行的研究。红色记忆研究在我国仍然是一个新的研究课题，尚没有引起国内相关学者的足够重视，无论是在理论、方法还是在实证方面都还有待于深入探讨和研究。鉴于此，本书以全国著名红色旅游城市南昌市为案例地，借用社会记忆的理论和相关方法来研究红色记忆，从旅游者红色记忆认知的视角采用逆向过程捕捉红色旅游意象的特征和信息，探讨游客对南昌市红色旅游意象元素的认知，以揭示游客记忆中所特有的红色旅游意象，重点回答以下问题：①究竟有哪些因素影响了旅游者对南昌市红色旅游意象的认知？②旅游者对南昌市红色旅游意象构成要素的认知呈现何种规律？

6.2 研究设计与调查

6.2.1 南昌市红色旅游意象变量体系的构建

国内旅游学者徐克帅通过引入符号系统和社会记忆建构过程理论，建立了红色旅游目的地记忆符号系统的理论框架，将红色旅游地的各种物质（景区、建筑、遗物、书籍、档案等）和非物质（影视、歌舞、仪式等）形式作为红色旅游记忆符号系统的信息（能指），重大事件及其核心价值则构成指称对象（所指）（徐克帅，2016）。本书在参考上述研究结果的基础上，结合对南昌市红色革命历史的文献查阅和对部分专家学者的现场访谈，归纳出基于旅游者记忆的南昌市红色旅游意象的要素构成，并在此基础上设计问卷。基于旅游者记忆的南昌市红色旅游意象要素构成分为信息载体变量（能指）和指称对象变量（所指）两个大类，构成 2 个一级变量。其中，一级指称对象变量由重大革命事件及其历史意义、红色名人 2 个二级变量构成，9 个三级变量构成；一级信息载体变量由红色旅游景区（点）、红色旅游展品、与红色旅游有关的地名、红色纪念活动 4 个二级变量，29 个三级变量构成（见表 6－1）。

表 6－1　　南昌市各级红色旅游意象变量

一级变量	二级变量	三级变量
指称对象	1. 重大革命事件及其历史意义	1. 八一南昌起义 2. 打响武装反抗国民党统治的第一枪 3. 创建人民军队的开始 4. 共产党独立领导革命战争的开始
	2. 红色名人	5. 朱德、6. 贺龙、7. 刘伯承、8. 周恩来、9. 叶挺
信息载体	1. 红色旅游景区（点）	10. 八一起义纪念馆 11. 八一起义纪念碑（八一广场） 12. 江西革命烈士纪念馆 13. 朱德军官教育团旧址 14. 新四军军部旧址 15. 方志敏烈士纪念墓 16. 朱德旧居 17. 贺龙指挥部旧址 18. 小平小道 19. 江西省博物馆 20. 十一军军部旧址 21. 叶挺指挥部旧址 22. 二十军军部旧址
	2. 红色旅游展品	23. 文字图片（展示） 24.（电子）文档资料 25. 历史实物（陈列）
	3. 红色旅游有关的地名	26. 八一公园 27. 八一大道 28. 八一大桥 29. 英雄大桥 30. 百花洲 31. 系马桩 32. 牛行车站 33. 志敏大道 34. 洗马池 35. 百花洲 36. 松柏巷天主教堂
	4. 红色纪念活动	37. 中国红歌会（南昌赛区） 38. 中国南昌军乐节

6.2.2 问卷设计与调查

问卷调查分为测试调查和正式调查两个阶段，测试调查为2017年3月26日至3月30日，通过测试调研结果和测试调研过程中旅游者反馈的问题对问卷进行修改和调整。正式调研为2017年4月2日至10日，时间分布上考虑到了工作日、双休日和节假日，调研方式上采取实地问卷和网上问卷相结合的方式：一是到南昌市主要红色旅游景区（点）进行实地问卷调查；二是在网上采用问卷星的方式对到南昌市红色景区进行过旅游活动的旅游者展开网上问卷调查。共发放314份调查问卷，回收有效问卷301份，问卷有效率为95.86%。

本书以旅游者记忆中对南昌市红色旅游意象要素认知的数据为基础构建序次Logistic回归模型，对旅游者红色旅游意象认知的影响因素进行分析；通过计算南昌市不同级别红色旅游意象变量的被认知程度，总结归纳旅游者记忆中的南昌市红色旅游意象要素构成特点。

6.2.3 旅游者样本基本特征及旅游经历结构

（1）旅游者样本基本特征。

受访旅游者基本特征如表6-2所示。总体样本中男、女比例适中；年龄构成以青年（15~24岁）和中年（25~44）为主，分别占47%和11.3%。这种情况也同样反映在旅游者的职业结构和受教育程度上，即以学生群体（55.3%）和高学历人群（68%）为主。从旅游者的收入水平来看，总体上以中、低收入水平的人群为主。总体样本反映出的情况与调查者在南昌市各红色景区观察到的实际情况是比较符合的，说明此次调查具有一定的代表性。

表6-2　　旅游者样本基本特征及旅游经历结构

统计项	组　别	比例（%）	统计项	组　别	比例（%）
年龄	14岁以下	15.4	到访次数	1次	23
	15~24岁	47		2次	8.7
	25~44岁	11.3		3次	24
	65岁以上	6.3		3次以上	44.3

续表

统计项	组　别	比例（%）	统计项	组　别	比例（%）
性别	男	57.33	停留天数	1 天	47.1
	女	42.67		2 天	32.7
职业	机关事业单位	6.7		3 天	16
	专业技术人员	8.3		3 天以上	4.2
	教师	3.3			
	学生	55.3			
	公司职员	10.3	旅游偏好	自然型旅游地	25.3
	个体/私营业主	6.7		人文型旅游地	18.3
	退休人员	0.7		都喜欢	56.4
	其他	8.7			
平均月收入	≤1000	48.7	出游动机	文化体验	35.6
	1001～3000	14.3		都市观光	26.3
	3001～5000	18		探亲访友	18.1
	5001～8000	11.3		休闲购物	12.6
	≥8001	7.7		其他	7.4
文化程度	初中以下	15.7			
	高中/中专	16.3			
	大学本专科	62			
	研究生以上	6			

（2）旅游者到访南昌的经历特征。

在旅游者经历中，有 77% 的被调查者不止一次游览过南昌市红色景区，说明南昌市红色景区的重游率较高。受访旅游者的旅游偏好以自然和人文旅游地都喜欢的旅游者占主体（56.4%），出游动机多样，且不同类型出游动机的比例差别不大，从一个侧面反映出南昌市的城市旅游功能比较复合，旅游者来南昌具有多样化的目的。但旅游者在南昌市的游玩以一日游为主，占 47.1%，说明南昌市的旅游发展还有较大提升空间。

（3）旅游者获取信息的渠道。

旅游者获取南昌市红色旅游意象的信息渠道涉及网络、影视/广播、书籍、亲朋好友介绍、报纸杂志、旅行社和其他。其中，高达 50% 以上的旅游者使用网络和影视/广播来获取南昌市红色旅游意象信息，借助书籍的旅游者人数占比也达到40%以上，而通过旅行社获取信息的旅游者人数占比均不到20%（见图6－1）。可见，网络、影视/广播和书籍是旅游者获取南昌市红色旅游意象的主要途径。此外，从信息渠道的使用种类来看，68%的旅游者使用的信息渠道种类在两种或两种以上，反映出旅游者使用的信息渠道存在多元化的特点（见图6－2）。

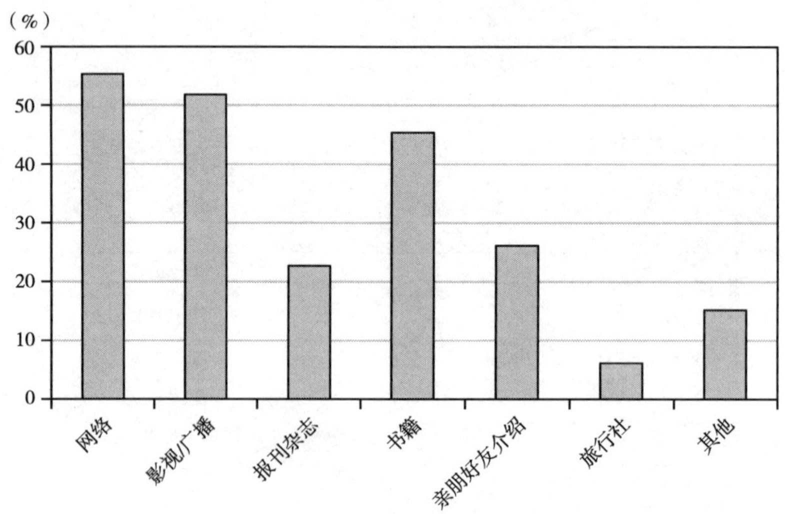

图6－1　各类信息渠道的使用人数结构

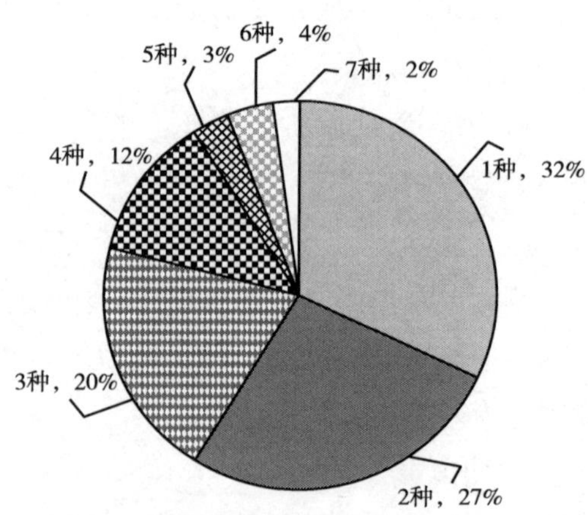

图6－2　使用的信息渠道种类

6.3 旅游者对南昌市红色旅游意象的认知

6.3.1 旅游者对南昌市红色旅游意象的总体认知状况

根据旅游者对南昌市红色旅游意象构成要素的认知得分来测算其对南昌市红色旅游意象的认知状况。调查问卷中涉及的南昌市红色旅游意象构成要素共有 38 个，根据旅游者每勾选一个选项得一分来进行加和，得到单个旅游者对南昌市红色旅游意象的认知得分，测算公式为：

$$N_j = \sum_{i=1}^{38} a_i \quad (6-1)$$

其中，a_i 表示南昌市红色旅游意象构成要素，共有 38 个；N_j 表示某旅游者的南昌市红色旅游意象认知得分。根据式（6－1）测算出旅游者对南昌市红色旅游意象的认知的平均分为 15.46 分，标准差为 5.32。最高分（36 分）与最低分（6 分）之间的落差悬殊，说明旅游者对南昌市红色旅游意象的认知差距明显。

计算出旅游者对南昌市红色旅游意象认知的平均分及标准差之后，可进一步进行认知状况的等级划分。在借鉴相关文献研究方法（汪芳、严琳等，2012）的基础上，建立旅游者红色旅游意象认知等级的测算公式：

$$\text{IF } S_j > \overline{X} + 0.5\sigma,\ R_j = 3 \quad (6-2)$$

$$\text{IF } \overline{X} - 0.5\sigma < S_j < \overline{X} + 0.5\sigma,\ R_j = 2 \quad (6-3)$$

$$\text{IF } S_j < \overline{X} - 0.5\sigma,\ R_j = 1 \quad (6-4)$$

其中，S_j 表示单个样本的旅游者认知得分；$\overline{X}$ 表示总体样本的平均分；σ 表示样本标准差；R_j 表示认知等级。

根据式（6－2）、式（6－3）、式（6－4），将旅游者的红色旅游意象认知划分为三个等级，即当其认知得分大于平均值加 0.5 个标准差（即 18.12 分）时，为高等级认知；当得分小于平均值减 0.5 个标准差（即 12.78 分）时，为低等级认知；而当得分介于两者之间时，为中等等级认知。不难发现，样本中低等级认知的旅游者人数为 107 人，占 35.55%；中等等级认知的旅游者人数为 109 人，占 36.21%；高等级认知的旅游者人数为 85 人，占 28.24%。

6.3.2 旅游者对南昌市红色旅游意象变量认知程度的比较

本书通过旅游者对不同等级南昌市红色旅游意象变量认知程度的比较，分析旅游者心目中的南昌市红色旅游意象要素构成特点。

（1）一级红色旅游意象变量被认知程度的比较。

本书将南昌市红色旅游意象变量分为指称对象和载体信息 2 个一级变量。其中，指称对象包括重大革命事件及其历史意义、红色名人 2 个二级变量；信息载体包括红色旅游景区（点）、红色旅游展品、红色旅游有关的地名和红色纪念活动 4 个二级变量。上述 2 个一级变量的被认知程度计算公式如下：

$$RMC_{指称对象} = \frac{\sum_{i=1}^{2}\left(1 - \frac{u_i}{N}\right)}{2} \qquad (6-5)$$

$$RMC_{信息载体} = \frac{\sum_{i=1}^{4}\left(1 - \frac{u_i}{N}\right)}{4} \qquad (6-6)$$

其中，RMC 表示一级红色旅游意象变量的被认知程度；N 为调查样本总数 301；u_i 为不知道第 i 个二级变量的旅游者数，i = 1，2，3，4，5，6；$0 \leq RMC \leq 1$。

根据式（6-5）、式（6-6）计算所得，旅游者对指称对象的平均认知程度为 0.71，为高认知程度；对信息载体的平均认知程度为 0.49，为中等认知程度。指称对象记忆变量所包含的重大革命事件及红色名人信息属于外向性信息，信息辐射面广，容易为公众所感知和认知。就南昌市而言，“八一南昌起义”是我国最为重要的红色革命事件之一，在我国革命史上具有重大历史意义；与“八一南昌起义”有关的红色名人历史上也赫赫有名，多人具有共和国开国元勋、元帅和领导人头衔，在人民群众中有很高的威望，这些事件及人物记忆变量不仅自身的影响力巨大，而且通过历史课本、专门书籍、影视资料、网络媒介等多种渠道被反复宣传和介绍，因而有着很高的被认知度。

（2）二级红色旅游意象变量被认知程度的比较。

本书的红色旅游意象二级变量共有 6 个，它们的被认知程度计算公式如下：

$$RMC_i = 1 - \frac{u_i}{N} \qquad (6-7)$$

其中，RMC_i 表示二级红色旅游意象变量的被认知程度；N 为调查样本总数 301；u_i 为不知道第 i 个二级变量的旅游者数，$i = 1, 2, 3, 4, 5, 6$；$0 \leqslant RMC \leqslant 1$。

根据式（6-7）计算所得，各二级红色旅游意象变量的被认知程度如表 6-3、图 6-3 所示。

表 6-3　南昌市各二级红色旅游意象变量的被认知程度

二级变量	1. 重大革命事件及其历史意义	2. 红色名人	3. 红色旅游景区（点）
认知程度	0.87	0.79	0.53
级别	高	高	中
二级变量	4. 红色展品	5. 与红色旅游有关的地名	6. 红色纪念活动
认知程度	0.92	0.37	0.43
级别	很高	低	低

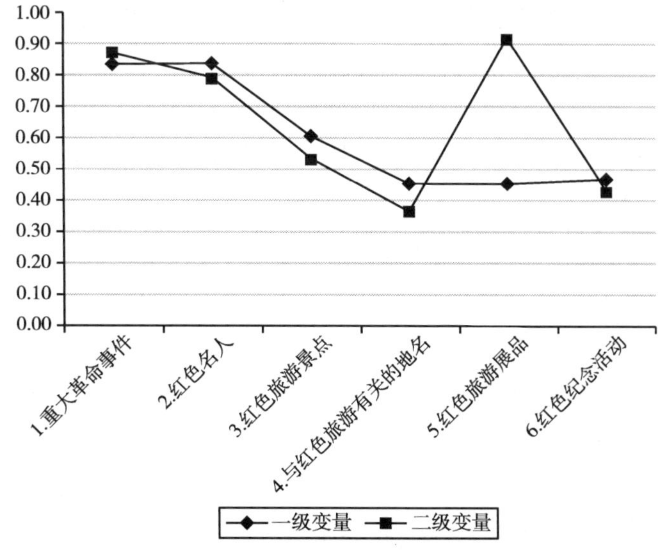

图 6-3　旅游者对南昌市红色旅游意象一级变量与二级变量的认知程度

对南昌市二级红色旅游意象变量的旅游者认知程度进行比较，结果如下：

第一，红色旅游展品在所有二级变量中的被认知程度（0.92）是最高的，表明红色旅游展品是旅游者心目印象最深刻和最有特色的红色旅游意象要素之一。针对旅游者的问卷调查也印证了这一结果，绝大多数被调查者对红色旅游展品的三个选项都有勾选。另外，红色旅游展品包含历史实物（如枪械、衣物、钱币、书信、生产工具等），也从一个侧面说明历史实物对唤醒旅游者的红色旅游意象效果明显。重大事件及其历史意义、历史名人变量的被认知程度也很高，得分分别为0.87和0.79，其可能的原因在前面已有阐述。

第二，与红色旅游有关的地名在所有二级变量中的被认知程度（0.37）最低。与红色旅游有关的地名是一座红色城市记忆的精髓要素之一，蕴涵着厚重的红色文化，承载着丰富的红色旅游意象。但由于地名外在的表现为一种符号，无法被旅游者直观地认知，加上公众对其记忆的认知受到人自身的因素、信息资料的可获得性因素等各种因素的影响，因此导致其被认知度很低。红色纪念活动（如红色歌舞、仪式、节庆等）也是一类重要的红色旅游意象要素，但其被认知程度比较低（0.43）。可能的原因是，虽然红色纪念活动通常具有较强的轰动效应和社会影响力，但多为定期举办因而也有一定的时效性，这些不持续性的且缺乏载体的红色旅游意象变量也就不太容易被大众旅游者所认知。这也从一个侧面证实了拥有有形物质载体的纪念场馆、主题塑像、遗址遗迹等红色景点作为红色旅游意象变量而特别受关注的原因。

第三，红色旅游景点这个二级变量的被认知程度为中等（0.53）。红色旅游景点与红色旅游展品一样是红色旅游的有形物质载体，同时也是旅游者游览参观的对象，但旅游者对其的认知程度并不理想。一个可能的原因是，本书列举了绝大部分南昌市的红色旅游景点，由于受旅游者空间行为规律的影响，大尺度旅游者游览参观时通常仅仅选取其中几个较为著名的红色旅游景点，更多的红色旅游景点因为知名度不高，并不为该部分旅游者所知晓和选择；另外，有些景点因地处偏僻、在整个南昌市不是被重点推荐游览的对象等原因也不被普通游客所关注和选择，导致了红色旅游景点的整体被认知程度偏低。

综上所述，旅游者认知比较显著的南昌市红色旅游意象变量有：红色旅游展品、重大事件及其历史意义和与红色名人。

6.4 影响旅游者对南昌市红色旅游意象认知的因素

6.4.1 回归自变量的选取

在进行样本的回归分析之前，首先需要筛选出有效变量。从旅游者基本特征（性别、年龄、职业、受教育程度、月平均收入）、旅游特征（到访次数、停留天数、旅游偏好、出游动机）和信息渠道等变量中排除具有多重共线性关系（渠道类型中的 5 类变量）以及不具有排序性质的变量（职业），共筛选出的 12 个有效变量并对其以 Spearman 相关系数进行相关性分析，得到对应的相关系数矩阵（见表 6－4）。

表 6－4　　　　基于旅游者认知的自变量相关性分析

		性别	年龄	文化程度	平均月收入	到访次数	停留天数	旅游偏好	文化体验	都市观光	休闲购物	探亲访友	渠道种类
性别	相关系数	1.000	－0.063	0.061	－0.047	－0.005	－0.004	－0.100	－0.007	－0.063	0.120*	－0.100	0.087
	显著性	0.000	0.275	0.296	0.416	0.934	0.912	0.084	0.906	0.277	0.038	0.083	0.134
年龄	相关系数	－0.063	1.000	0.295**	0.584**	0.129*	0.109*	－0.042	0.047	0.081	－0.129*	0.071	0.054
	显著性	0.275	0.000	0.428	0.007	0.026	0.021	0.469	0.422	0.163	0.025	0.218	0.353
受教育程度	相关系数	0.061	0.295**	1.000	0.086	0.132*	0.128*	－0.048	0.199**	0.029	－0.087	－0.017	0.172**
	显著性	0.296	0.000	0.000	0.137	0.022	0.020	0.409	0.001	0.614	0.134	0.763	0.003

续表

		性别	年龄	文化程度	平均月收入	到访次数	停留天数	旅游偏好	文化体验	都市观光	休闲购物	探亲访友	渠道种类
月收入	相关系数	-0.047	0.584**	0.086	1.000	0.008	0.009	0.040	0.049	0.060	-0.048	0.100	-0.030
	显著性	0.416	0.000	0.137	0.000	0.885	0.865	0.487	0.399	0.303	0.409	0.085	0.609
到访次数	相关系数	-0.005	0.129*	0.132*	0.008	1.000	0.025	-0.013	0.053	0.001	0.066	0.113	0.211**
	显著性	0.934	0.026	0.022	0.885	0.000	0.231	0.827	0.358	0.981	0.256	0.051	0.000
停留天数	相关系数	0.132*	-0.119*	-0.064	-0.068	0.086	1.000	0.023	0.034	0.287**	0.302*	0.022	0.213**
	显著性	0.018	0.034	0.104	0.399	0.243	0.000	0.929	0.723	0.024	0.517	0.476	0.000
旅游偏好	相关系数	-0.100	-0.042	-0.048	0.040	-0.013	-0.025	1.000	0.058	-0.086	0.003	-0.007	-0.071
	显著性	0.084	0.469	0.409	0.487	0.827	0.734	0.000	0.315	0.139	0.959	0.910	0.223
文化体验	相关系数	-0.007	0.047	0.199**	0.049	0.053	0.087	0.058	1.000	0.156**	0.027	-0.124*	0.367**
	显著性	0.906	0.422	0.001	0.399	0.358	0.311	0.315	0.000	0.007	0.643	0.031	0.000
都市观光	相关系数	-0.063	0.081	0.029	0.060	0.001	0.045	-0.086	0.156**	1.000	0.292**	0.044	0.231**
	显著性	0.277	0.163	0.614	0.303	0.981	0.835	0.139	0.007	0.000	0.000	0.451	0.000

续表

		性别	年龄	文化程度	平均月收入	到访次数	停留天数	旅游偏好	文化体验	都市观光	休闲购物	探亲访友	渠道种类
休闲购物	相关系数	0.120*	-0.129*	-0.087	-0.048	0.066	0.237	0.003	0.027	0.292**	1.000	0.032	0.215**
	显著性	0.038	0.025	0.134	0.409	0.256	0.347	0.959	0.643	0.000	0.000	0.586	0.000
探亲访友	相关系数	-0.100	0.071	-0.017	0.100	0.113	0.210	-0.007	-0.124*	0.044	0.032	1.000	0.058
	显著性	0.083	0.218	0.763	0.085	0.051	0.067	0.910	0.031	0.451	0.586	0.000	0.316
渠道种类	相关系数	0.087	0.054	0.172**	-0.030	0.211**	0.216**	-0.071	0.367**	0.231**	0.215**	0.058	1.000
	显著性	0.134	0.353	0.003	0.609	0.000	0.000	0.223	0.000	0.000	0.000	0.316	0.000

注：* 在 0.05 的显著性水平下相关性显著（双边检验）；** 在 0.01 的显著性水平下相关性显著（双边检验）；样本数为 301。

从相关系数矩阵中排除相关系数 >0.4 的自变量，以便消除这些变量对回归分析的干扰，最终得到性别、年龄、平均月收入等 12 个回归的自变量（见表 6 -5）。

表 6 -5　回归自变量的选取

变量序号	变量名称	变量序号	变量名称
1	年龄	7	旅游偏好
2	性别	8	文化体验动机
3	平均月收入	9	都市观光动机
4	文化程度	10	休闲购物动机
5	到访次数	11	探亲访友动机
6	停留天数	12	渠道种类

6.4.2 Logistic 回归模型的构建及回归分析

参考相关文献（王济川、郭志刚，2001）构建 Logistic 回归模型的方法，以旅游者的认知得分为因变量，以筛选出的 12 个特征变量为自变量，建立序次 Logistic 回归分析模型，构建出基于旅游者认知的三分类 Logistic 回归模型，公式如下：

$$y = a + \sum_{i=1}^{12} b_i x_i + \varepsilon \qquad (6-8)$$

其中，y=1、2、3，分别表示旅游者的低、中、高认知水平，ε 为误差项，a、b_i 为系数，回归通过 0.1、0.05、0.01 显著性检验，得到表 6-6 的结果。

表 6-6　　旅游者认知影响因素的序次 Logistic 回归分析

变　量	系数估计值	Z
性别	-0.399	0.185*
年龄	0.502	0.001*
文化程度	0.179	0.001
平均月收入	0.147	0.011
到访次数	0.363	0.000***
停留天数	0.351	0.000***
旅游偏好	0.071	0.602
文化体验动机	0.754	0.000***
都市观光动机	0.152	0.224
休闲购物动机	-0.275	0.474
探亲访友动机	0.504	0.001*
渠道种类	0.39	0.000***

注：* 在 0.10 水平显著；** 在 0.05 水平显著；*** 在 0.01 水平显著。

由表 6-6 不难发现，共有 7 个因素成为影响旅游者对南昌市红色旅游意象认知度的主要因素，它们分别是年龄、性别、到访次数、停留天数、文化体验动机、探亲访友动机和渠道种类。

6.4.3　主要影响因素分析

（1）年龄是影响旅游者对南昌市红色旅游意象认知度的重要因素，两者之间呈现弱正相关关系。旅游者的年龄越大，其红色旅游意象的认知度越高。这可能是因为随着年龄的增长，旅游者的经验和阅历会更加丰富，从而对南昌市的红色历史及红色文化也会更加了解。还有一种可能的解释，年龄越大的旅游者对红色旅游意象的认知越感兴趣，因此其认知度也会相应提高。

（2）性别是影响旅游者对南昌市红色旅游意象认知度的因素。问卷调查数据显示，女性了解南昌红色景区的信息渠道种类要多于男性，女性旅游者更倾向于在出游前利用多种信息渠道来了解南昌的红色景区与红色历史，因而导致女性对南昌市红色旅游意象的认知度要高于男性。

（3）到访次数和停留天数与旅游者对南昌市红色旅游意象的认知度之间呈显著的正相关关系。到访次数越多和停留时间越长的旅游者对南昌市红色旅游意象的认知度水平也越高。这在一定程度上说明亲身经历是红色旅游意象传承的一种有效方式，也证明了旅游者的红色旅游意象认知度高低与其在红色旅游景区的经历次数和停留时间长短有关。

（4）旅游动机与旅游者对南昌市红色旅游意象的认知度之间呈正相关关系。其中，文化体验动机与认知度之间呈显著正相关关系。南昌市素以“英雄城”驰名天下，同时也是具有 2200 多年建城史的历史文化名城，丰富的历史文化和红色文化旅游资源对南昌市的旅游者有较强的吸引力，而持有文化体验动机的旅游者也会更加积极主动地去了解南昌市独特的历史文化和红色文化，这就在一定程度上强化了其对南昌市红色旅游意象的认知。而持探亲访友动机的旅游者在目的地停留的时间相对较长，或者从亲朋好友那里更多地了解了南昌市的红色历史和红色文化，因而对其红色旅游意象的认知度也有一定的影响。

（5）信息渠道种类与旅游者对南昌市红色旅游意象的认知度之间呈显著正相关关系。即旅游者利用的信息渠道越多，其对南昌市红色旅游意象的认知度也就越高。由此可见，旅游者对红色旅游意象的认知需要借助不同信息渠道的宣传来达成。由于旅游者不太可能亲身经历目的地红色旅游意象的形成过程，更多的是通过网络、影视、广播、书籍等渠道来获取目的地红色旅游意象的信息。因此，多元化的信息渠道宣传是十分必要和有效的。

综上所述，旅游者对南昌市红色旅游意象认知度的主要影响因素是旅游者的年龄、性别、到访次数、停留时间、旅游动机和信息渠道种类。

6.5 旅游者对南昌市红色旅游意象的认知规律

以上通过构建以旅游者红色旅游意象认知得分为因变量的有序 Logistic 模型，总结出影响旅游者红色旅游意象认知的主要因素。在此基础上，结合对不同级别南昌市红色旅游意象变量的被认知程度分析，进一步总结归纳出旅游者对这些红色旅游意象变量的认知构成特点（见图 6－4）。

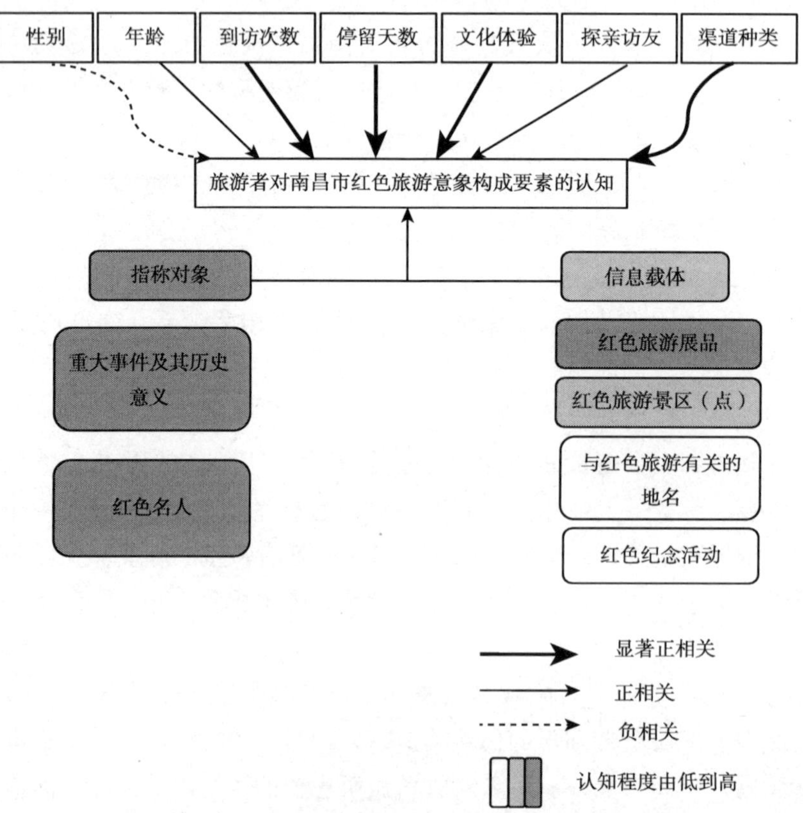

图 6－4 旅游者对南昌市红色旅游意象的认知规律

南昌市旅游者的红色旅游意象认知规律主要有如下几个特点：(1) 年龄、性别、到访次数、停留时间、文化体验动机、探亲访友动机和渠道种类等七个因素影响着旅游者对南昌市红色旅游意象的认知。(2) 旅游者对指称对象变量的认知程度要大于信息载体变量。(3) 指称对象变量中的重大革命事件及其历史意义、红色名人和信息载体变量中的红色旅游展品的被认知程度高，是南昌市最重要的红色旅游意象变量。(4) 红色旅游景点的被认知程度中等，而与红色旅游有关的地名、红色纪念活动在所有二级变量中的被认知程度偏低。

6.6 旅游者对南昌市红色旅游地意象的认知结构

由于旅游者在红色旅游地并非仅仅局限于游览几个红色旅游景区（点），旅游目的地中一些自然类景区、历史人类类景区和都市现代景观也都受到旅游者的青睐。红色旅游中也有绿色、古色的成分。因此，为了更好地探讨旅游者对红色旅游地的意象认知结构，需要将旅游者对红色旅游地中其他类型的旅游景区点的认知情况也一同合并考虑。本书以 2016 年版南昌市旅游地图为底图，通过空间句法方法分析旅游者对南昌市红色旅游地意象的认知及其结构。

以 2016 年南昌市旅游交通地图为底图，通过 Arcview 3. 3 软件和 Axwoman 3. 0 模块中的 Draw 命令构建南昌市旅游空间句法轴线图，并用 Doit 命令进行空间句法分析，得出每一条轴线的整体集成度和局部集成度值，经检验发现两数值均符合正态分布，进一步对其进行标准化处理，公式如下：

$$Z_i = \frac{I_i}{\bar{I}_i} S_i \qquad (6-9)$$

其中，表示 $\bar{I}_i$ 均值；Z_i 表示 I_i 的标准差。

将旅游空间轴线的整体集成度和局部集成度 Z 值作为主要指标对南昌市旅游地空间形态认知情况进行研究。

6.6.1 南昌市旅游地空间意象的结构特征

对于空间认知研究的句法表达，轴线是空间句法的理想描述符，是句法系统中最普遍的空间表示方法，能有效解析城市空间肌理的关系。因为“轴线地图相当清晰地选取了城市中重要的道路，在整体层次上高度概括了城市的空间认知意象”（朱庆、王静文等，2005）。

以2016年南昌市旅游交通地图为底图，借助Space syntax软件计算出南昌市旅游空间句法轴线图（见图6－5）。

图6－5 南昌市旅游空间句法轴线

由图6－5可以透视南昌市旅游空间形态的结构特征。

第一，南昌市旅游空间形态尚没有形成成熟的结构框架。根据空间句法理论，全局集成核是全市旅游空间格网中人流的汇聚中心，能通过乘数效应带动运动经济，使集成核的旅游功能远远强于非集成核地区，成为城市旅游活动的中心。全局集成核的集成度越高，则表明其集成能力越强。如图 6 – 5 所示，由八一大道、南京西路、北京路、洪城路、站前路和井冈山路等几条全局集成核组成的核心轴线①架构了南昌市旅游空间形态结构的总体框架，但这几条核心轴线基本上呈串联分布，尚没有形成环路或网状结构。

第二，在中心城区形成了明显的集成度中心。中心城区同时也是居民旅游活动的主体功能区。根据轴线图和表 6 – 7 显示，八一大道的集成度呈现最高的数值，达到 1.61735，体现出这条位于市中心区的道路是南昌市主要的城市干道和人流通道之一，市民及游客至市中心区（目前是南昌市 CBD 与 RBD 的功能叠合区）达到最大的便捷程度，有向市中心区汇集的趋势。其中，八一广场作为南昌市市中心区的大型休闲旅游活动广场，周围道路的集成度均较高（八一大道为 1.61735；北京路为 1.54612；站前路为 1.53126；中山路亦达到 1.32975），中心性最强，可达性最好，给旅游者的休闲和市民的出行带来极大的便利，牢固地确立了其作为城市休闲旅游活动中心的地位。除八一大道全局集成核以外，南京西路、站前路全局集成核也位于市中心区且在全局集成核中集成度值较高，分别为 1.54776 和 1.53126，进一步加强了中心城区聚集人流的能力。

表 6 – 7　　南昌市核心轴线全局集成度值

轴线索引	街道名称	全局集成度值
61	八一大道	1.61735
60	南京西路	1.54776
96	北京路	1.54612
188	洪城路	1.29508
170	站前路	1.53126
198	井冈山路	1.48180

第三，贯穿中心城区和其他功能分区之间的主要交通干道全局集成特征明显。如轴线图和表 6 – 7 所示，贯穿中心城区和各功能分区之间的主要交通干道同时也是全局集成核的核心轴线。例如，贯穿东湖区与青山湖区的南京西路

① 为了突出全局集成核中的主要集成核道路，将全局集成核标准化值在 1.428 ~ 1.64 之间的轴线称为核心轴线。该部分轴线代表了全局集成核中南昌市集成能力和集聚能力最强的轴线。

街道的全局集成度值高达1.54776；贯穿中心城区与青山湖区的北京路街道的全局集成度值也较高，为1.54612；贯穿中心城区与青云谱区的井冈山大道的全局集成值为1.48180。因此，它们作为城市旅游活动中心轴线的功能也较强。

第四，中心城区和郊区的空间布局在某些方面仍存在一定的局限。首先，通过比较，集成度值较低的冷色轴线对应了红谷滩新区的道路。主要原因在于赣江的阻隔使人们由老城区（目前是南昌市人口集中分布区）至红谷滩新区的日常旅游发生频率较少，难以形成人流聚集趋势，集成能力较弱。其次，轴线图中一条南向的深色直线道路（井冈山大道）连接了中心城区和青云谱区。轴线呈深色表明它具有较高的集成度，人流量较大。但在对该轴线在特征值数据库中的形态变量值进行GIS空间统计学分析时发现，其在连接值上的数值低于应该具有的连接值表现，表明中心城区和青云谱区的空间布局在某些方面仍存在着一定的局限。根据实际情况，这个矛盾形成的现实原因是：铁路线和象湖的阻隔使中心城区与青云谱区的连接主要由抚河南路和井冈山大道这两条道路完成，青云谱区东南部的大片区域缺少与主城区旅游空间相连的道路，这样的布局方式存在着明显的不足之处，没有将青云谱区融入整体城市旅游空间系统中，制约着青云谱区旅游活动的发展。

6.6.2 南昌市旅游地空间结构的智能性水平

城市旅游空间结构的智能性水平分析可从城市旅游空间形态智能度和旅游吸引物空间分布两个方面进行。城市旅游空间结构智能度反映了城市旅游空间形态的智能性水平，旅游吸引物空间分布则反映了城市旅游空间要素结构的智能性水平。

（1）城市旅游空间结构智能度。

城市整体旅游空间结构的智能性可通过全局集成度和局部集成度的相关性来判断。通过GIS平台将空间句法的计算结果导入SPSS 16.0分析软件，分析空间句法轴线全局集成度与局部集成度的相关性，建立南昌市旅游空间智能度散点图（见图6－6）。该图反映了所有轴线局部集成度值与全局集成度值的相关水平，可以此来分析城市旅游空间形态的智能度特征。

由图6－6和表6－8可知，轴线的全局集成度和局部集成度的数值均处于

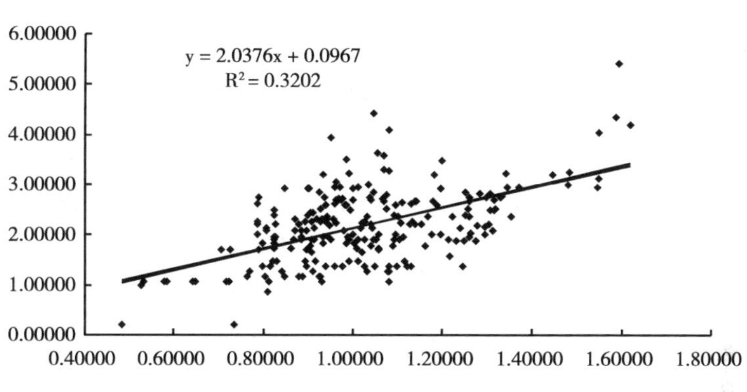

图6-6 南昌市旅游空间智能度散点图

均匀变化过程中，城市整体旅游空间全局集成度与局部集成度的相关系数为0.611625，显著性概率水平为0.01，两者呈现中度相关性。全局集成度和局部集成度的值分布区间一般，呈现一定程度的均匀分布，相关性中等，整体智能度一般。可见，南昌市整体旅游空间的可感知度一般。换言之，旅游者通过对局部范围内旅游空间连通性的观察从而进一步获得整体城市旅游空间可达性信息的能力一般，一定程度上能从局部旅游空间特征来感受整体城市旅游空间的形态结构。

表6-8 全局集成度和局部集成度的相关分析

		全局集成度	局部集成度
全局集成度	Pearson Correlation	1	0.611625 **
	Sig.（2-tailed）		1.7E-37
	N	352	352
局部集成度	Pearson Correlation	0.611625 **	1
	Sig.（2-tailed）	1.7E-37	
	N	352	352

注：** Correlation is significant at the 0.01 level（2-tailed）.

需要指出的是，以路网结构为主要特征的城市旅游空间形态结构虽然对旅游者的空间认知有重要影响，但体现的只是城市旅游空间的物质性结构的作用，功能性结构的作用尚没有得到充分体现。从城市旅游的角度看，如果城市旅游空间中缺少相应的旅游吸引物，则旅游的功能性不强，对于旅游者而言，并不具备较好的可识别性或可意象性。南昌市的几条规则状道路所组成的路网结构虽然在一定程度上能使旅游者形成对城市旅游空间的整体理解，但就具体的旅游空间而言，还需要分析其周围有没有一定数量的旅游吸引物分布，如果缺乏此类吸引物，则难以形成以该路径为主导的旅游空间认知意象。因此，有必要在城市旅游空间形态智能度分析的基础上，进一步探讨旅游吸引物的空间分布特征。

（2）旅游吸引物空间分布。

相关研究证实，人们的认知地图多以路径网络骨架或再连接部分其他空间元素的方式而建立，空间结构与空间元素间存在层次差异（Y. Kim，P. Alan，2004）。就城市意象元素的选择原则而言，Lynch 只提及可依据元素特殊的视觉特征而选择，但相关研究表明，并非主要是元素的视觉特征，而是其结构特征导致了城市空间元素的被选择。空间句法理论正是通过对城市意象中所选择的不同元素相互关联层次的认识来完善城市意象研究的（朱庆、王静文等，2005）。

以 2016 年南昌市旅游交通地图为底图，在参考相关文献的基础上（吴必虎、董莉娜，2003），选取广场、历史遗迹（景点）、商业中心及休闲购物场所、公园绿地、标志性建筑、文化体育场馆与娱乐场所等六大类城市休闲旅游场所作为旅游吸引物，将其位置一一对应到底图上，并叠加上空间句法轴线图，建立南昌市旅游吸引物空间分布图（见图 6－7）。

由图 6－7 可知，南昌市旅游吸引物空间分布呈现出如下特征：

（1）旅游吸引物只在部分核心轴线（主要是八一大道、南京西路、洪都大道、洪城路等）周围有一定程度的分布。除了八一大道周围有众多旅游吸引物集中分布以外，南京西路和洪都大道主要因为连接了青山湖风景区（最靠近中心城区的大型湖泊风景区）而使之作为中心城区旅游路径的功能得到提升；洪城路则主要因为连接了洪城大市场（江西省内最大、国内有名的贸易市场）而令人印象深刻。其余几条核心轴线（如井冈山大道、北京路等）周围几乎没有或仅有零星分布的几个规模不大、吸引力不强的旅游吸引物，导致该部分核心轴线的旅游功能吸引力比较弱，相应地，形成以该部分轴线为主导的旅游意象空间的能力也比较弱，旅游者对之印象不深。

（2）八一大道核心轴线两侧分布了大量旅游吸引物（见图 6－7）。八一大道轴线在全局集成核中的全局集成度值最高，达到 1.61735，是南昌市的第一

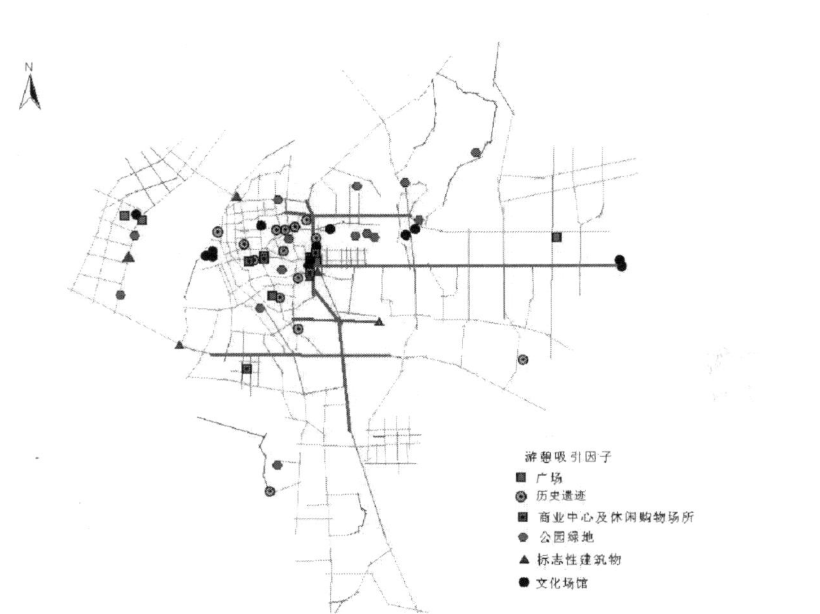

图 6－7　南昌市旅游吸引物空间分布

核心轴线，具有集聚大量人流的能力。与之相对应，沿线旅游吸引物的分布也十分密集。统计表明，沿八一大道两侧的旅游吸引物占到南昌市旅游吸引物总量的 20%。八一大道强大的集成能力不但为居民及游客的旅游出行带来极大的便利，周边众多旅游吸引物的分布牢固地确立了八一广场作为市中心重要休闲/旅游场所的地位，也进一步强化了它在城市旅游的中心功能。相对而言，这些旅游吸引物被感知的概率最大，吸引较多人群从事旅游活动的可能性最强，可意象性最好。可见，主要是旅游吸引物的结构特征而非视觉特征导致了城市旅游元素的被选择，进一步证实了 Conroy（2000）、Mahshid（2003）、Kim 等（2004）的研究结论。

（3）众多旅游吸引物在非核心轴线附近呈分散分布。这主要是由于不同类型旅游吸引物的区位及选址各异所导致。例如，商业中心和休闲购物场所，其区位选址对人流量有一定的要求，一般会沿核心轴线在其周围随机分布；而大量的历史遗迹因为地理位置的固定性，且多位于历史保护区而离核心轴线有一定距离。

6.6.3 南昌市旅游地空间结构认知的影响因素

基于空间句法分析的城市旅游空间结构认知研究从空间主客体相结合的视角揭示了城市旅游空间形态的认知影响因素。

第一，旅游者对城市旅游空间结构整体性和一致性的认知比视觉差异的认知更为重要，是形成城市旅游空间形态意象的主要影响因素。南昌市旅游空间形态智能度分析结果表明，南昌市整体旅游空间全局集成度与局部集成度呈中度相关，旅游者一定程度上能从局部旅游空间特征来感受整体城市旅游空间的形态结构，说明以路网结构为主要特征的城市旅游空间形态结构对旅游者的空间认知有重要影响。相应的问卷调查结果显示，南昌市居民日常的旅游交通出行主要依赖电动车或自行车（16%）和公共交通工具（53%），在城市环境中（南昌市位于平原地区，内没有山体），旅游者主要通过路网结构的认知而非视觉差异的认知实现对整体城市旅游空间结构的掌握。因此，居民对城市旅游空间结构整体性和一致性的认知比视觉差异的认知更为重要。

第二，城市旅游空间要素的结构特征是导致旅游要素被识别、选择和记忆的主要原因。南昌市旅游吸引物空间分布的分析结果表明，整体上看，南昌市旅游吸引物与核心轴线的协同性不高，从而影响到居民对城市旅游场所的感知与认知，导致旅游者对整体旅游空间的认知度不高，说明要素的结构特征是导致旅游吸引物被识别、选择和记忆的主要原因。结合南昌市公共旅游意象图的调查结果不难发现，除了八一大道这条城市旅游主干道和赣江风光带这条城市主要边界（风景河）以外，南昌市的旅游意象要素主要沿中山路、胜利路、福州路、抚河路、洪都大道和沿江路等有一定程度的集中分布，而这几条道路都不是南昌市的核心轴线，就居民对城市旅游空间意象要素的掌握来看，这些旅游意象要素的可识别性和可意象性均较差，进一步说明了视觉特征虽然是导致部分意象要素被识别和选择的原因之一，但要素的结构特征，即要素的空间分布、所处区位、吸引功能等才是最终导致旅游要素被识别、选择和记忆的主要原因。

本书以城市旅游空间形态为研究对象，在 GIS 平台上运用空间句法解析了南昌市旅游空间形态的结构特征，分析了南昌市整体旅游空间形态的智能性水平，在此基础上，进一步探讨了城市旅游空间形态的认知影响因素。后续研究如能将认知地图与空间句法结合起来进行城市旅游空间形态的分析，有望在更深层次上取得更有说服力的结论。

6.7 本章小结

红色旅游意象是红色旅游地吸引力的核心组成和独特魅力形成的源泉。红色旅游意象的旅游者认知研究对传承红色旅游地的红色旅游意象、增强红色旅游地的辨识度、提升红色旅游地的竞争力意义重大。以著名红色旅游地南昌市为研究案例地，在构建红色旅游意象变量体系的基础上设计旅游者对南昌市红色旅游意象认知的调查问卷，根据旅游者对南昌市红色旅游意象认知的测算结果，采用相关性分析、Logistic 回归模型的方法探讨了旅游者对南昌市红色旅游意象要素认知的影响因素及认知规律，从红色旅游意象认知渠道和信息载体的角度提出了南昌市红色旅游意象传承的对策。本书旨在解决如下两个问题：哪些因素影响了旅游者对南昌市红色旅游意象的认知，而旅游者认知视角的南昌市红色旅游意象要素构成具有什么样的特点。研究所得结论如下：

（1）旅游者对南昌市红色旅游意象的认知水平中等，不同群体间的认知差距明显。

（2）影响旅游者对南昌市红色旅游意象认知水平的主要因素是年龄、性别、到访次数、停留天数、旅游动机（文化体验、探亲访友）和渠道种类。其中，到访次数、停留天数和渠道种类对旅游者的红色旅游意象认知有显著正向影响。

（3）在一级红色旅游意象变量中，旅游者对指称对象的认知程度要大于信息载体。在二级红色旅游意象变量中，红色旅游展品的被认知程度最高，表明红色旅游展品是旅游者心目中最重要的南昌市红色旅游意象变量之一；旅游者对重大革命事件的记忆非常深刻，说明重大革命事件及其历史意义也是南昌市重要的红色旅游意象变量。此外，红色名人也是重要的红色旅游意象变量，红色名人在大众旅游者的记忆中能够长时间留存。

（4）旅游者对信息载体变量中的与红色旅游有关的地名、红色纪念活动变量的认知程度相对较低，主要原因在于地名是以无形的文化符号存在的，很难被旅游者所直观的认知，且很多地名随着时间的推移已经发生改变。红色纪念活动则因受到举办时间的连续性等多种因素的影响，导致旅游者对其的认知度并不高；红色旅游景区（点）虽然是有形的载体变量，但因受到一些知名度不高、地处偏僻和不被大尺度旅游者所关注的单个红色旅游景点的影响而导致其整体的被认知程度仅处于中等水平，说明信息时代背景下只有拥有特色鲜明载体和较高知名度的记忆变量才能更好地被人们所认知。

（5）空间句法是进行红色旅游城市空间意象认知结构研究的新的切入点。空间句法理论基于空间认知来解构城市空间，将人的认知与空间形态结构结合起来，强调了空间整体的结构性联系，从空间主体和空间客体相结合的角度进行空间客体的主体性分析，是进行城市空间意象认知结构研究的新的切入点。南昌市的实证研究表明，旅游者对城市旅游空间结构整体性和一致性的认知比视觉差异的认知更为重要，是形成城市旅游空间形态意象的主要影响因素；城市旅游空间要素的结构特征是导致旅游要素被识别、选择和记忆的主要原因。

第 7 章

基于旅游者评价的红色旅游意象研究

7.1 旅游者对南昌市红色旅游的宏观整体意象评价

7.1.1 问卷设计与调查

(1) 问卷设计。

南昌市红色旅游意象评价调查问卷一共包括三个方面的内容，分别是南昌市红色旅游意象评价、南昌市红色旅游特色调查和旅游者人口学特征。南昌市红色旅游意象评价主要在参考相关文献（Echtner and Ritchie，1993）的基础上设计问卷，具体内容包括：①南昌市作为您此次出行的旅游目的地，您对它的总体印象是什么？②请用您能想到的任何词语描绘南昌市带给您的旅游感受。③从未到过南昌市的朋友来南昌市旅游，你会首先向他推荐什么？南昌市红色旅游特色调查涵盖了南昌市作为一个红色旅游城市应具备的条件、优势、风格及未来发展方向等多个方面的内容。旅游者人口学特征问卷设计内容涵盖了旅游者性别、年龄、收入、职业、信息获取途径、对景区的熟悉程度等多个方面的内容。

正式调查前，首先征求相关专家的意见；其次进行小范围的案例区预调查；最后依据旅游者的填答结果对问卷进行修改，形成最终问卷。

(2) 问卷调查。

本次调研过程包括实地考察、现场访谈（对象包括政府部门和当地旅游者）及问卷调查。调查时间为 2013 年 8 月和 2014 年 3 月，以外地旅游者为调查对象，主要选取南昌市各著名红色旅游景区点进行现场问卷调查并同时配合访谈调查，共发放问卷361份，回收315份，有效问卷269份，有效问卷回收率为74.52%。

调研区域为南昌市主城区，主要原因在于该区域大部分属于南昌老城区，有较多红色历史文化遗迹，曾发生过系列重大历史事件，是旅游者进行红色旅游的重点区域，在城市旅游空间系统中占有极其重要的地位。

（3）样本特征。

本次调查的有效样本特征情况见表7-1。从总体上看，调查对象男性略高于女性；以中老年、中高学历和中高收入者为主；党政机关、普通员工和离退休人员占样本总体的主体，样本反映出来的情况与调查者在南昌市各红色旅游景区点观察到的情况比较吻合。

表7-1　　调查对象的属性特征

基本情况	类　别	小　计	比例（%）
性别	男	150	55.76
	女	119	44.24
年龄	18岁以下	21	7.81
	18~35岁	44	16.36
	36~45岁	64	23.79
	46~60岁	97	36.06
	60岁以上	43	15.98
教育程度	小学	37	13.75
	初中	46	17.10
	高中/中专	57	21.19
	大专	51	18.96
	本科	58	21.56
	硕士及以上	20	7.43
职业	党政机关管理人员	41	15.24
	企事业管理人员	19	7.06
	普通职员或工人	56	20.82
	各类专业/文教技术人员	11	4.09
	军人	4	1.49

续表

基本情况	类　别	小　计	比例（%）
职业	农民	2	0.75
	私营业主	8	2.97
	在校学生	43	15.99
	离退休人员	57	21.19
	其他	6	2.23
月平均收入	1000 元以下	40	14.87
	1001～2000 元	52	19.33
	2001～3000 元	89	33.08
	3001～5000 元	63	23.42
	5000 元以上	25	9.29

注：①由于被调查者对问卷内容有漏答现象，故各类别人数加和有可能低于样本总数。
②低学历：高中以下；中等学历：高中及中专；高学历：大专及以上。低收入：2000 元以下；中等收入：2001～3000 元；高收入：3001 元及以上。

7.1.2　调查结果与分析

在参考相关文献（Echtner and Ritchie，1993）的基础上，通过开放式问卷调查的方法让旅游者就南昌市旅游意象用形容词进行自由联想，然后统计出现频率最高的形容词，以此来调查旅游者对南昌市红色旅游的评价性意象。

（1）总体评价意象。

针对旅游者的第一个问题是“南昌市作为您日常的休闲地，您对它的总体印象是什么?”目的是想探讨旅游者对南昌市红色旅游意象的总体评价。

对多达 130 余种的纷繁复杂答案进行统计，将其归为如下几类（见表 7－2）。

表 7－2　　　　旅游者对南昌市红色旅游的总体评价意象

意象描述	列举人数	获选率（%）
有独特的革命历史（革命老区、军旗升起的地方、红色摇篮）	103	43.3
自然景色（风光）好	92	38.66
城市环境卫生差（脏、乱）	53	22.27
历史文化底蕴好（物华天宝、人杰地灵）	43	18.07
交通混乱（人多、行人乱穿马路）	37	15.55

续表

意象描述	列举人数	获选率（%）
城市变化快（动感之都）	24	10.08
市民素质差	18	7.56
湖泊多（水都）	16	6.72
其他描述：经济落后、老表热情、小偷多		

注：由于旅游者对该题有漏答现象，答题人数少于样本总数；另外，部分旅游者描述简略意象是同时采用了多个形容词，因此获选率超过100%。

从获选率来看，“有独特的革命历史”排名第一，达43.3%，反映了旅游者对南昌市红色旅游地的首要评价意象；“自然景色（风光）好”也得到了部分旅游者的认同，获选率达到了38.66%；“历史文化底蕴好（物华天宝、人杰地灵）”以18.07%的支持率成为旅游者对南昌红色旅游地的第三大正面意象。另外，“城市环境卫生差（脏、乱）”成为旅游者对南昌旅游意象的第一负面评价，高达22.27%的旅游者选择了该项，说明旅游者对南昌市的自然环境与城市建成环境之间的印象感知存在着巨大的反差。其余的答案则比较分散，如“交通混乱（人多、行人乱穿马路）”“城市变化快（动感之都）”都不同程度地被旅游者提及，上述不同百分比的答案反映了旅游者对南昌市红色旅游地认知程度是不一样的。有印象深刻的，也有不深刻的；有正面的，也有负面的。城市旅游开发应该强化那些让旅游者印象深刻的、正面的事物。另外，“城市变化快”“交通混乱”“市民素质差”“城市环境卫生差”等反映了城市的经济、社会、建成环境等要素也是影响旅游者对城市旅游意象评价的重要因素。

上述分析结果在南昌市红色旅游特色调查中得到了进一步的印证。在对“您认为南昌市的红色旅游特色（优势）体现在如下哪些方面?”这一问题项的回答中，获选率较高选项依次为独特的革命历史（89.4%），英雄城（81%），历史文化底蕴深厚（61%），生态环境好（57.3%），发展变化快（43%），湖泊众多、湖城交融（26%）等，与上述因子分析的结果比较吻合；而对“您希望南昌市将来的红色旅游城市建设风格是”这一问项的回答，57%的人选择了“保持独特革命历史文化的红色旅游城市”，42%的人选择了“生态型的红色旅游城市”，31%的人选择“现代化的红色旅游休闲城市”，说明在对现有城市红色旅游特色认知的基础上，旅游者希望南昌市能朝向文化型、生态化和现代化的方向发展。

（2）情感评价意象。

对情感评价意象的测量主要采用让旅游者用几个词描绘其对南昌市红色旅游地的心理感受，然后归类相似的词语，结果见表 7－3。

表 7－3　　旅游者对南昌市红色旅游的情感评价意象

形容词描述	列举次数	获选率（%）
红色之都（红色文化、红色记忆、神圣、英雄城）	123	47.67
历史悠久（名胜古迹多、历史文化底蕴深厚）	87	33.72
自然环境优美（景色宜人、风光秀丽、花园城市）	77	29.84
亲切友好（老区人淳朴）	35	13.57
城市环境脏、乱、差（拆建多）	13	5.04
没感觉	13	5.04
其他描述举例：交通混乱、人多嘈杂……		

注：由于旅游者对该题有漏答现象，答题人数少于样本总数；另外，部分旅游者描述简略意象是同时采用了多个形容词，因此获选率超过 100%。

由表 7－3 可知，旅游者对南昌市红色旅游情感意象的评价呈现一定程度的统一。前三位形容词有 111.23% 的获选率；其中，最显著的情感意象是“红色之都”（47.67%）、“历史悠久”（33.72%）、“自然环境优美”（29.84%）分别位于第 2 和第 3，从一个侧面反映了旅游者对南昌市红色旅游的最深刻的印象集中体现在人文环境和自然环境两个方面；另外，“城市环境脏、乱、差（拆建多）”和“没感觉”也被一部分旅游者提及，获选率均为 5.04%，说明南昌市红色旅游地在旅游者的心目中还存在一定的负面印象。

值得注意的是，有 35 个旅游者在情感意象测量时采用了“亲切友好”的形容词，说明“亲切友好”的感觉是旅游者对南昌市红色旅游地意象评价时的重要组成内容，反映了城市红色旅游意象评价的层次性。

（3）旅游吸引物评价意象。

对旅游吸引物评价意象的测量主要通过“从未到过南昌市的朋友来南昌市游玩，你会首先向他推荐什么?”这个问题来进行，根据旅游者回答的答案的相似程度将其归为具体旅游景区、某类旅游景区的总称和地方特色事物三类（见表 7－4）。

表 7－4　南昌市旅游吸引物评价意象

	推荐事物	提及次数	获选率（%）
具体旅游景区	滕王阁	233	86.62
	八一起义纪念馆	186	69.14
	八一广场（八一起义纪念碑）	173	64.31
	八大山人（纪念馆）	129	47.96
	小平小道	34	12.64
	胜利路步行街	31	11.52
	革命历史纪念馆	16	5.95
某类旅游景区的总称	红色旅游景区（革命纪念地）	52	19.40
	名胜古迹	33	12.27
地方特色事物	小吃美食	14	5.20
其他描述举例：八一大桥，赣江，红谷滩，摩天轮			

注：由于旅游者对该题有漏答现象，答题人数少于样本总数；另外，部分旅游者描述简略意象是同时采用了多个形容词，因此获选率超过 100%。

如表 7－4 所示，旅游者对“具体旅游景区”的提及次数最高。其中，滕王阁（86.62%）、八一起义纪念馆（69.14%）、八一广场（八一起义纪念碑）（64.31%）、八大山人纪念馆（47.96%）等均有较高的提及率。这些旅游景区多以名胜古迹和红色革命历史纪念地为主，反映了它们的代表性。

另外，“小吃美食”作为一个单独的类别被旅游者特意提及，也反映了地方特色美食在旅游者的心目中的重要地位，也是旅游者对南昌红色旅游地意象评价的重要组成内容。

为了更好地印证南昌市的旅游吸引物评价意象，本书还采用理论照片判读方法对南昌市旅游者进行测量，即让旅游者对精心挑选出来的 14 张南昌市旅游景区点的照片①进行辨认，能说出具体的景区点名称或者表明知道均认为旅游者能辨识该景区点。对结果进行统计发现，照片判读方法所呈现出来的结果与上述问题回答的结果有较高的一致性。滕王阁（84.34%）、八一起义纪念馆（81.43%）、八一起义纪念碑（79.09%）、八大山人纪念馆（43.24%）有

① 考虑到来南昌旅游的旅游者不仅仅是参观红色旅游景区点，古色和绿色旅游景区点对他们也有一定的吸引力，因此，在照片选取时，增加了南昌市著名的有代表性的历史文化旅游景区点和生态旅游景区点的照片。

较高的感知率，与上述分析结果有高度的一致性，说明南昌市旅游者对南昌市的旅游景区点的感知和认知有较高的趋同性。

（4）旅游环境评价意象。

由于旅游者在城市的旅游活动会受到其对城市旅游地的感知程度的影响（保继刚，1999）。在参考相关文献（李蕾蕾，1999）的基础上，结合南昌城市红色旅游发展的实际情况，选取 16 个城市旅游环境的构成要素（见表 7 –5）作为旅游者对南昌市旅游环境的感知因子，并按照游前印象（旅游者来南昌旅游之前的印象）和游后印象（旅游者来之后旅游之后的印象）将感知因子分为 5 个等级，从非常不满意、不满意、一般、满意和非常满意，分别赋予 1 ~5 分的分值，在对游前印象和游后印象取平均值的基础上，计算两者的差值，目的是获取旅游者对南昌市的旅游环境评价意象，其结果见表 7 –5。

表 7 –5　　旅游者对南昌市旅游环境的评价意象

构成要素	游前印象	游后印象	印象差值
革命历史文化景观	4. 14	4. 01	–0. 97
自然生态旅游景点	4. 08	4. 62	0. 54
地方特色美食	3. 24	3. 26	0. 02
城市旅游住宿条件	3. 63	3. 01	–0. 62
城市旅游交通状况	3. 13	2. 98	–0. 02
城市旅游购物	3. 31	3. 37	–0. 15
特色旅游娱乐项目	3. 75	3. 03	–0. 72
城市旅游信息获取	2. 68	2. 02	–0. 66
城市旅游事件	3. 96	3. 21	–0. 75
城市建筑风貌	4. 64	3. 63	–1. 01
地方风土人情	3. 64	3. 46	–0. 18
城市旅游文化氛围	3. 08	3. 67	0. 59
城市绿化状况	3. 25	3. 31	0. 06
城市治安状况	3. 26	3. 13	–0. 13
城市卫生条件	3. 62	2. 90	–0. 72
城市居民友好程度	3. 84	3. 77	–0. 07

由表 7 –5 可知，旅游者对南昌市旅游的评价意象绝大多数都是负值，这说明南昌市的旅游发展在很多方面都还需要进行改进和提升。其中，自然生态旅游景点、城市绿化状况、地方美食以及城市旅游文化氛围的印象差值为正但

是数值较低，说明旅游者对这些方面的印象意象较好，但是还是有很大的提升空间，是城市旅游建设需要大力强化和提升的方面；而对革命历史文化景观、城市建筑风貌、城市居民友好程度、城市治安状况和城市卫生条件等的印象差值为负，说明旅游者对这些方面的意象较差，是城市旅游建设需要大力改善的方面。

7.2 旅游者对南昌市红色旅游的微观场所意象评价

7.2.1 问卷设计与调查

（1）问卷设计。

旅游者对南昌市红色旅游的微观场所意象调查问卷主要包括两个方面的内容：一是南昌市红色旅游景点的评价意象。根据南昌市红色旅游景区点分布及红色旅游活动的开展状况，经过多次反复的实地考察，初步选取了南昌市 8 个红色旅游景区（点）作为研究对象，针对这些红色旅游景区（点）列出知道或去过、印象深刻、喜欢三个选项让旅游者进行勾选。第一个选项用于考察旅游者对南昌市红色旅游景区（点）的感知情况，后两个选项主要考察旅游者对这些红色旅游景区（点）的印象度和美誉度评价。二是人口学特征及旅游者出行特征，涵盖了性别、年龄、收入、职业、旅游交通方式、对城市的熟悉程度等多个方面的内容。

正式调查前，先经过相关专家的意见征询，然后随机抽取 15 名南昌市红色景区的旅游者进行小范围的案例区预调查，依据填答结果对问卷进行修改，将在知道或去过问项中 8 成以上旅游者没有勾选的红色旅游景区（点）删除，最终选取了 9 个红色旅游景区（点），这些红色旅游景区（点）能反映南昌市红色旅游文化的整体状况，具有较好的代表性。

（2）问卷调查。

调查时间为 2016 年 9 ~ 10 月，以南昌市红色景区的旅游者为调查对象，采用随机抽样调查的方式发放问卷，共发放问卷 305 份，实际回收有效问卷 300 份，有效回收率为 98. 4% 。

（3）样本分布。

表 7 – 6 是本次调查有效样本的分布情况，总体上看，调查对象男性略高

于女性；以青少年、中高学历和中低收入者为主；青年学生和普通员工占样本总体的主体，样本反映出来的情况与调查者在南昌市各红色旅游景区观察到的情况比较吻合（见表 7 – 6）。

表 7 – 6　　　　调查对象的属性特征

基本情况	类　别	小　计	比例（%）
性别	男	164	54.67
	女	136	45.33
年龄	18 岁以下	24	8.00
	18 ~ 35 岁	34	11.33
	36 ~ 45 岁	113	37.67
	46 ~ 60 岁	97	32.33
	60 岁以上	32	10.67
教育程度	小学	49	16.34
	初中	70	23.33
	高中/中专	52	17.33
	本科	101	33.67
	硕士及以上	28	9.33
职业	党政机关管理人员	12	4.00
	企事业管理人员	58	19.33
	普通职员或工人	82	27.33
	各类专业/文教技术人员	38	12.67
	农民	3	1.00
	私营业主	13	4.33
	在校学生	48	16.00
	离退休人员	5	1.67
	其他	41	13.67
月平均收入	3000 元以下	103	34.33
	3001 ~ 4000 元	118	39.33
	4001 ~ 5000 元	68	22.67
	5000 元以上	10	3.33

注：①由于被调查者对问卷内容有漏答现象，故各类别人数加和有可能低于样本总数。

②低学历：高中以下；中等学历：高中及中专；高学历：大专及以上。低收入：3000 元以下；中等收入：3001 ~ 5000 元；高收入：5000 元及以上。

7.2.2 研究变量的测量

(1) 感知率的测量。

由于感知是意象产生的基础，事物只有被感知才有可能被意象。因此，在进行红色旅游意象测量之前，有必要先测量旅游者对红色旅游景区（点）的感知率情况。

感知率的测量公式为：

$$Ii = Pi/Qi \times 100\% \tag{7-1}$$

其中，Ii 表示旅游者对红色旅游景区（点）i 的感知率，Pi 表示知道或去过场所 i 的人数；Qi 为样本总数。

(2) 印象度和美誉度的测量及标准化。

在参考相关文献（冯维波，2005）的基础上，采用印象度（印象的深刻程度）和美誉度（情感的偏好程度）两个评价指标对南昌市红色旅游意象进行测量。印象度是旅游者对某旅游景区（点）的记忆和印象深刻程度，美誉度是旅游者对该旅游景区（点）的好感、赞美和喜爱程度，两者分别从认知意象和情感意象两个方面影响着旅游者的旅游景区（点）意象。因此，印象度和美誉度结合起来运用能较好地测量旅游者的旅游景区（点）评价意象。

印象度的测算公式为：

$$Mi = Ii/Ki \times 100\% \tag{7-2}$$

其中，Mi 表示旅游者对红色旅游景区（点）i 的印象度；Ii 表示对红色旅游景区（点）i 印象深刻的人数；Ki 表示知晓该红色旅游景区（点）i 的人数。

美誉度的测算公式为：

$$Pi = Li/Ki \times 100\% \tag{7-3}$$

其中，Pi 表示旅游者对红色旅游景区（点）i 的美誉度；Li 表示喜欢该旅游景区（点）i 的人数；Ki 表示知晓该旅游景区（点）i 的人数。

在对各旅游景区（点）的印象度值与美誉度值计算出来之后，可进一步对之进行标准化处理，具体计算公式如下：

$$MZi = (MIi - Xd)/Sd \quad (7-4)$$

其中，MZi 为第 i 个旅游景区（点）的印象度 Z 值；MIi 为第 i 个旅游景区（点）的印象度值；Xd 为所有旅游景区（点）印象度值求出后取平均值；Sd 为所有旅游景区（点）印象度值求出后取标准差。

$$PZi = (PLi - Xq)/Sq \quad (7-5)$$

其中，PZi 为第 i 个旅游景区（点）的美誉度 Z 值，PLi 为第 i 个旅游景区（点）的美誉度值，Xq 为所有旅游景区（点）美誉度值求出后取平均值，Sq 为所有旅游景区（点）美誉度值求出后取标准差。

根据上述计算公式，可以得到旅游者对南昌市 9 个红色旅游景区（点）的印象度、美誉度以及印象度标准化值、美誉度标准化值，结果见表 7－7。

表 7－7　　南昌市红色旅游景区意象的印象度和美誉度评价

序号	红色旅游景区（点）	感知率（%）	印象度（%）	美誉度（%）	印象度标准化值	美誉度标准化值
1	八一广场	99.00	76.26	41.92	2.75	2.56
2	胜利路步行街	97.00	71.13	43.81	2.43	2.75
3	八一起义纪念馆	97.50	50.77	27.18	1.17	1.13
4	八一起义纪念塔	92.50	49.73	25.95	1.11	1.01
5	革命烈士纪念堂	88.00	24.43	10.23	－0.46	－0.52
6	朱德军官教育团旧址	86.50	13.87	5.78	－1.11	－0.95
7	新四军军部旧址	79.50	13.84	5.66	－1.11	－0.96
8	贺龙指挥部旧址	80.00	14.38	5.63	－1.08	－0.96
9	八一大桥	79.00	59.60	26.77	1.72	1.09

7.2.3　调查结果与分析

（1）旅游者对南昌市红色旅游景区（点）的感知特征。

从表 7－7 的统计结果来看，旅游者对南昌市红色旅游景区（点）的感知呈现出以下几个方面的特征：

第一，从总体上看，旅游者对南昌市红色旅游景区（点）的平均感知率为 85.06%，感知率大于 80% 有 48 个，说明旅游者对南昌市红色旅游景区

（点）的整体感知率较高。

第二，各红色旅游景区（点）的感知率存在较大的差异。八一广场、胜利路步行街、八一起义纪念馆、八一起义纪念塔的感知率最高，大于 90%；革命烈士纪念堂、朱德军官教育团的感知率次之，在 85% ~90% 之间；而新四军军部旧址和八一大桥的感知率低于 80%（见表 7－7），这一结果显示了旅游者对红色旅游景区（点）的感知具有选择性。

（2）旅游者对南昌市各红色旅游景区（点）的印象度和美誉度评价特征。

第一，总体上看，旅游者对南昌市红色旅游景区（点）的印象度和美誉度评价属于中等水平。

通过对各红色旅游景区（点）的印象度与美誉度标准化值的正负分布进行统计，可以看出，旅游者对南昌市红色旅游景区（点）的印象度和美誉度的总体评价属于中等水平。由表 7－8 可知，印象度评价的标准化值为正的有 5 个元素，为负的有 4 个元素，分别占 55.56%、44.44%，说明南昌市红色旅游景区（点）给旅游者留下深刻印象的不多；美誉度标准化值为正的有 5 个元素，为负的有 4 个元素，同样说明仅有少数红色旅游景区（点）获得大多数旅游者的情感认同。虽然南昌市红色旅游景区（点）中印象度和美誉度标准化值为正的只占一半左右，但它们却代表了旅游者印象深刻且情感上真正认同的重要红色旅游景区（点），是南昌市红色旅游景区中的关键意象元素。

表 7－8　南昌市红色旅游景区（点）印象度和美誉度标准化值正负分布的统计

	印象度标准化值				美誉度标准化值			
	正值		负值		正值		负值	
	数量（个）	比例（%）	数量（个）	比例（%）	数量（个）	比例（%）	数量（个）	比例（%）
红色旅游景区（点）	5	55.56	4	44.44	5	55.56	4	44.44

第二，对文化底蕴深厚、有独特建筑形态和特色的红色旅游景点的印象度和美誉度评价较高。

如表 7－9 所示，旅游者对具有独特革命历史文化的八一起义纪念馆和有城市标志的意义特殊构筑物——八一起义纪念塔的印象度和美誉度明显高于其他市内红色旅游景点。

表 7 –9　　红色旅游景区（点）的印象度和美誉度评价特征

红色旅游景区（点）	印象度	美誉度
八一起义纪念馆	50.77	27.18
革命烈士纪念堂	24.43	10.23
八一起义纪念塔	49.73	25.95
朱德军官教育团旧址	13.87	5.78
新四军军部旧址	13.84	5.66
贺龙指挥部旧址	14.38	5.63

第三，分别以印象度和美誉度的标准化值为纵坐标轴和横坐标轴，将所选红色旅游景区（点）分成四个象限。其中，位于第一象限的为高印象度、高美誉度红色旅游景区（点），位于第二象限的为高印象度、低美誉度红色旅游景区（点），位于第三象限的为低印象度、低美誉度红色旅游景区（点），位于第四象限的为低印象度、高美誉度红色旅游景区（点）（见表 7 –10）。

表 7 –10　　南昌市红色旅游景区（点）印象度与美誉度的组合特征

印象度与美誉度的组合特征	红色旅游景区（点）名称
高印象度、高美誉度	八一广场、胜利路步行街、八一起义纪念馆、八一起义纪念塔
高印象度、低美誉度	八一大桥
低印象度、高美誉度	
低印象度、低美誉度	革命烈士纪念堂、朱德军官教育团旧址、新四军军部旧址、贺龙指挥部旧址

由表 7 –10 可知，八一广场、八一大桥、八一起义纪念馆、八一起义纪念塔 4 个红色旅游景区（点）属于高印象度、高美誉度的红色旅游景区（点），可意象程度高，可作为品牌红色旅游景区（点）进行宣传；胜利路步行街虽然有着较高的印象度，但美誉度较低，说明其品质较差，属于意象衰退型红色旅游景点，应进一步提高场所的品质、深挖文化内涵、增强旅游者的体验性以巩固和提高红色旅游景点的意象；其他红色旅游景区（点）如革命烈士纪念堂、朱德军官教育团旧址、新四军军部旧址、贺龙指挥部旧址印象度和美誉度都不高，属于低意象性景点，说明这些红色旅游景区（点）的品质、内容和形象等都需大力提高。

（3）综合分析。

结合前面的分析结果，可将影响南昌市红色旅游的微观场所意象评价的因素归纳为如下两个方面：第一，旅游者的因素：旅游者的停留时间、对城市的熟悉程度、不同的个人社会经济属性（包括性别、年龄、学历、收入等）均会影响到其对红色旅游景区（点）的印象度和美誉度评价。第二，红色旅游景区（点）的因素：红色旅游景区（点）的区位、环境、功能与等级、文化底蕴与建筑物形态与形式等均会影响到旅游者对其的印象度和美誉度评价。研究表明，红色旅游景区的功能和等级也会影响到旅游者的印象度和美誉度评价，功能越复合，能开展的旅游活动就越多样。等级越高，就越能服务于更多旅游者，被更多旅游者所利用，旅游者对其的印象度自然就会比较深刻；另外，景区的文化底蕴与建筑形态能唤起人们的审美意识，产生视觉上和心理上的刺激，从而影响到人们对其的评价意象。

7.3 影响旅游者对南昌市红色旅游意象评价的因素

综上所述，影响旅游者对南昌市红色旅游意象评价的因素主要有旅游者因素、红色旅游景区（点）因素和其他因素。

7.3.1 旅游者年龄及其对红色旅游城市的熟悉程度

将南昌市旅游者的年龄、文化程度及其对南昌市的熟悉度与旅游者对南昌市红色旅游的意象度进行交叉分析，其结果如图 7－1 所示。

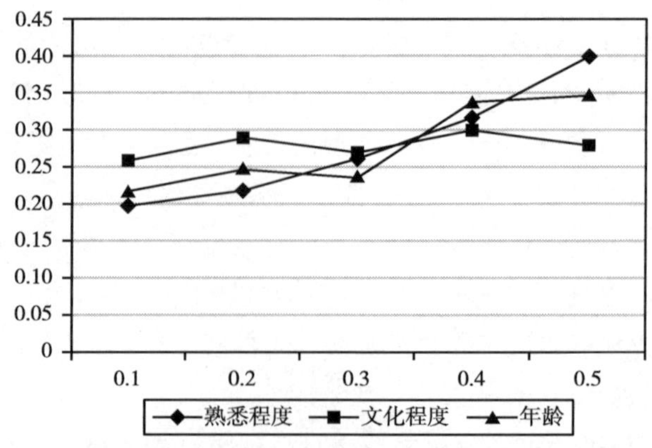

图 7－1　南昌市旅游者年龄、文化程度、旅游地熟悉程度与旅游意象度的关系

如图7-1所示，旅游者年龄越高对南昌市的旅游意象度越高；同样，旅游者对南昌市越熟悉，其对南昌市的旅游意象度也越高；相反，文化程度对旅游者对南昌市的意象度的影响却不是很大。上述结果表明，南昌市的红色旅游意象与旅游者的年龄及其对南昌市的熟悉程度呈正相关关系，是影响南昌市红色旅游意象的两大主体因素。

7.3.2　红色旅游景区点的历史文化底蕴与知名度

根据南昌市旅游局2013年公布的12个红色旅游景区点，对其进行调查，结果显示，那些具有深厚历史文化底蕴和较高知名度的景区点通常拥有较高的旅游意象度。这些景区点包括八一广场（八一起义纪念碑）、八一起义纪念馆、小平小道等。上述这些景区点不但历史文化底蕴比较深厚，而且具有较高的知名度，景区内可供旅游者参观游览或体验参与的项目也较多，是多数来南昌的旅游者的旅游必选之地（见图7-2）。

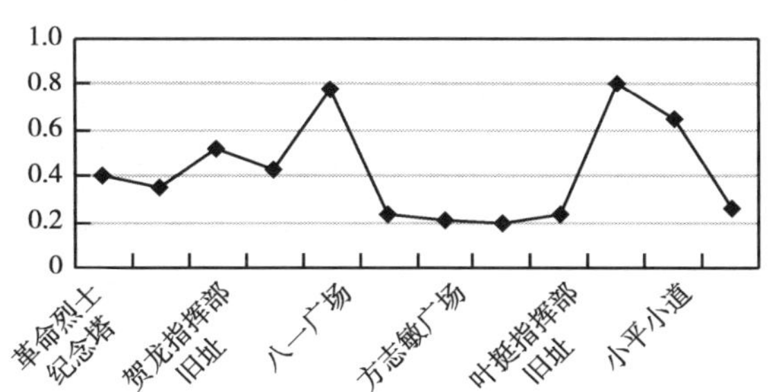

图7-2　南昌市红色旅游景区点意象度

7.3.3　旅游信息的可获得性

如图7-3所示，南昌市旅游者来南昌之前获取南昌市旅游信息的主要途径有亲身体验、影视宣传和亲朋好友介绍。旅游者也主要凭借这三种信息媒介形成对南昌市的游前旅游意象。其余的信息媒介如书籍、报纸、杂志和纪念馆、档案馆、博物馆等对旅游者信息的获取帮助不大。南昌市目前有关红色旅游宣传的书籍、报纸、杂志并不多，而纪念馆、档案馆、博物馆主要在旅游者来昌旅游后才有机会参观，且很多旅游者通过跟团的方式旅游，而导游通常很少带旅游者去博物馆和档案馆参观。比较之下，亲身体验、影视宣传和亲朋好友介绍这三种方式对于旅游者而言信息的可获得性最强。可见，旅游信息的可获得性是旅游者游前意象形成的先决条件。

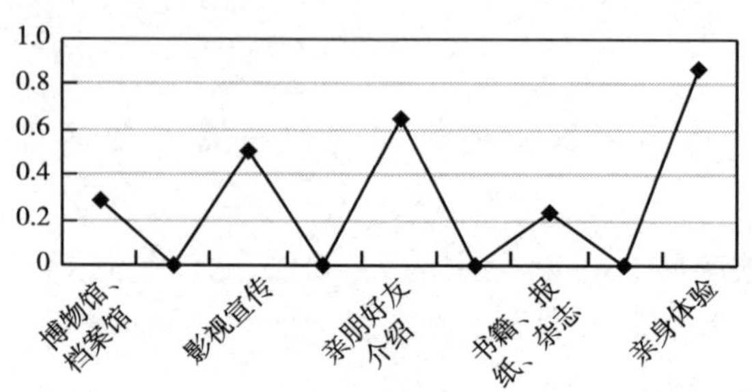

图 7－3　南昌市旅游信息可获得性

7.3.4　其他影响因素

旅游意象形成的影响因素是多元的，也是不断地变化的。除了前述的分析之外，还有很多其他因素都会对旅游者的意象形成造成影响，如旅游者的自身的记忆能力、旅游方式（自由行还是团队旅游），旅游地的营销宣传、节事庆典活动的举办等。

7.4 南昌市红色旅游意象运行存在的问题

7.4.1　红色旅游者年龄上的分层

通过对调查得到的旅游者人口学特征数据进行统计，发现大多数（约52%）南昌市的旅游者年龄在 35 岁以上，青少年旅游者仅仅占少数（约24%），由图 7－4 所示。另外，约有 48% 的旅游者具有大专及以上文化水平，45% 的旅游者对南昌市的红色文化感兴趣，这说明南昌市的红色旅游者以年长者、高学历者占主体。

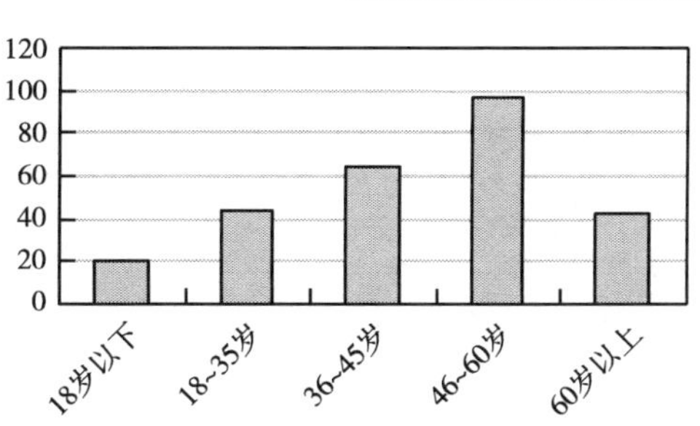

图 7－4　南昌市旅游者年龄分布

前述分析表明，青少年对南昌红色旅游城市的意象度普遍较低。据统计，其意象度仅为 26%。另外，他们了解南昌市红色旅游相关信息的意愿也仅为 36.4%，远低于平均水平 56.3%，致使在红色旅游意象传承过程中出现了红色旅游者年龄上的分层。

7.4.2　红色旅游意象要素的偏离

本书主要以城市意象五要素作为南昌市红色旅游意象要素（见表 7－11）。

表 7－11　　　　南昌市红色旅游意象要素统计

类　型	定　义	内　容	在调研区域的具体表现
标志	可作为外向性参照物的有形物体	城市中最高最大的建筑、历史最悠久的建筑和景观、建筑设计创意最有特色的建筑、具有丰富人文内涵和象征意义的建筑等	八一起义纪念碑、八一起义纪念馆
节点	通常作为线路的交点，或旅游者可以进入和停留的地点，具有连接和集中两种特征	广场、重要道路交叉点、景观桥梁等	八一广场
路径	通常作为旅游者的移动路径，表现为一种线性要素	城市各级各类景观旅游道路、步行街等	小平小道
区域	在某些方面具有同质性并明显区别其他地方的面状要素，本书主要指旅游区	CBD、RBD、风景区、历史文化街区、大型公园绿地及其他特殊功能区域等	方志敏烈士陵园、江西革命烈士纪念馆、新四军军部旧址、八一起义旧址群
边界	为两个区域的交界，通常以一种线状要素存在	城市入口处、风景河、铁路线、行政区界和街区分界线等	

通过问卷统计，对南昌市调研区域内的各个城市意象要素的意象度进行测量，相应的统计结果见表7－12。

表7－12　南昌市各城市意象要素的意象度统计　单位：%

意象要素	八一起义纪念碑	八一广场	八一起义纪念馆	小平大道	八一大道	八一起义旧址群	八一大桥	江西革命烈士纪念堂	新四军军部旧址	方志敏烈士陵园
意象度	89.6	79.8	75.4	26.7	26.4	26.1	24	21.6	19	17

前述统计结果表明，标志在城市意象五要素中的意象度有高也有低，高的如八一起义纪念碑和八一起义纪念馆，低意象度的如方志敏烈士陵园。作为节点存在的八一广场有很高的意象度，达到79.8%。这充分说明了那些本身具有重要意义的意象客体，通常具有较高的城市旅游意象度。思考其原因，主要有知名度、位置、红色文化底蕴、可观赏性与可游览性等诸多因素的共同影响。如八一起义纪念碑位于八一广场正中央，良好的地理位置再加上较为突出的知名度，使其意象度位居前列，而诸如八一起义纪念馆和江西革命烈士纪念堂的意象度则主要得益于其深厚的红色文化底蕴。其他的红色资源，如新四军旧址等由于雷同性较高，再加上交通上的限制，虽然也有较好的红色文化底蕴，但调查统计得出的结果却不尽如人意。

从前述分析结果不难发现，调研区域内众多的红色旅游景点中仅有少数几个在旅游者心目中留下了较深的印象，而且这些红色旅游景点多成点状分布，相关的景点之间距离较远，整体协调度不够。很多景区之间即使距离不是很远，但由于交通方面的限制，来往耗时较久。而且，除了八一起义纪念碑、八一广场、八一起义纪念馆等少数几个红色旅游景区点之外，南昌市的其他红色景区点都处于交通不太便利的地方，有的甚至位于一些偏僻的小街小巷之中，周围根本就没有南昌市的主干道线，更没有较为容易识别的标志。这说明伴随着大规模的城市改造与更新，很多红色旅游景区点不但所处区位愈显得偏远，而且已渐渐失去了原有的历史环境与文化氛围，变成了现代城市旅游环境中的“孤岛”。

7.4.3　红色旅游意象媒介的缺位

城市的相关信息多以文字、图片、影像宣传片、实物等形式进行传播

（王琰、李志民，2009）。除了通过旅游者的亲身经验和口口相传外，旅游者还可以通过媒体广告、城市旅游信息管理系统、城市旅游景区点等获取旅游信息。本次调查显示的关于调研区域的红色旅游意象媒介见表7－13。

表7－13　　红色旅游意象媒介统计

意象媒介	表现形式	在调研区域的具体表现
网络	文字、图片、影像	形式较为单薄，应用度较低，对景点的宣传度不高（约占7.66%）
影视传媒	文字、图片、影像	内容稍显单调，响应度低（约占7.83%）
书籍、报纸、杂志	文字、图片	宣传幅度小，没有系统的宣传篇幅介绍（约占8.7%）
亲朋好友推介	声音	应用最为广阔，其中46.58%是由此推荐而来
亲身体验	综合	外地旅游者以中老年人占多数，但在总体中所占份额大概只有25.5%
旅游推介会	综合	召开频率低，对外地旅游者基本没有什么号召力（约占3.73%）

由表7－13可以看出，南昌市主要的红色旅游意象媒介是亲朋好友推介和亲身体验。而其中亲朋好友推荐又略高于亲身体验所占的比重，由此我们可以知道，单就南昌市的红色旅游的吸引力来说，对外来旅游者还是有一定吸引力的。但是，图7－5同时也显示了南昌市在运用其他意象媒介上的不足。作为信息时代下的新宠，网络在总体的宣传比例中却还不足8%，位列末尾。其他诸如影视、书刊等之类的媒介也是极低的比例，可见南昌在进行红色旅游宣传上，手段比较单一，并没有综合发挥各种意象媒介在宣传上所应该起到的作用，这既是一种不足，但从侧面上也反映出南昌市在媒介的选择和宣传上还是拥有着一定的潜力和发展空间。

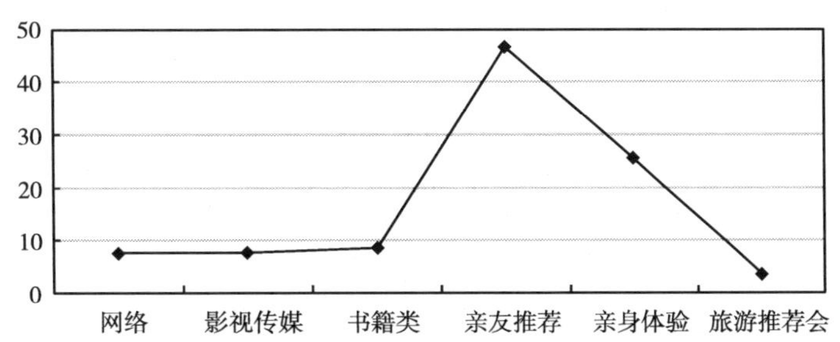

图7－5　南昌市红色旅游意象媒介的意象度

注：纵轴单位为百分比，表示意象度。

前述分析及调查统计数据表明，南昌市红色旅游意象主体，即旅游者对网络、影视传媒、旅游推介会这几种运行现状较弱的意象媒介的喜好要高于目前主要的意象媒介，也就是说，南昌市的红色旅游意象媒介存在着意愿与现实的错位问题。

7.4.4 红色旅游意象基质的低效

意象基质（本书主要指城市旅游的政策环境）主要通过影响意象主体、意象媒介、意象客体而对城市意象度产生间接作用。调研区域内城市旅游政策环境，包括城市旅游形象工程、旅游景区保护条令等都属于意象基质的内容。本书主要以调研区域的城市旅游政策环境为代表，对意象基质进行调研分析。通过对南昌市城市规划局、旅游局等相关单位人员的访谈，笔者了解到近几年来政府部门越来越重视旅游者对城市红色旅游文化和历史文化的认知，并采取一系列宣传措施加强大众对红色历史遗址的保护意识，如 2007 年开展的“红色摇篮、绿色家园江西行”就是以南昌为起点；2009 年通过的新四军军部旧址改扩建规划方案；同时政策上加大做好城市景点保护规划，全力打造 4A 级红色旅游经典景区；也加大了对各种宣传媒介的运用，用来宣传红色历史文化相关信息等。

从前述分析可知，虽然近几年来政府相关部门对发展红色旅游的态度越来越积极，但实践中尚面临着一些问题，如市场营销资金问题等，从而引发出种种矛盾，诸如在运用相关媒介进行宣传方面尚不到位、城市规划开发和资源保护上没有找到平衡点、政策的运营效率较低等。

7.5 本章小结

本章主要探讨了南昌市红色旅游意象的影响因素及其在运行过程中存在的问题，所得结论如下：

（1）旅游者对南昌市红色旅游的总体评价意象有正面和负面之分。“有独特的革命历史”是游客对南昌市红色旅游地的首要评价意象；旅游者对南昌市红色旅游地的情感评价意象呈现一定程度的统一。最显著的情感意象是

“红色之都”，“历史悠久” 和 “自然环境优美” 分别位于第二和第三，从一个侧面反映了游客对南昌市红色旅游的最深刻的印象集中体现在人文环境和自然环境两个方面；滕王阁、八一起义纪念馆、八一广场（八一起义纪念碑）、八大山人（纪念馆）等旅游景区点是南昌市旅游者心目中的独特旅游吸引物意象，反映了它们的代表性，也说明红色旅游者旅游目的的多样性和选择的多样性；通过旅游者游前和游后印象差值所测量出的旅游者对南昌市旅游环境意象的评价大多为负值，说明南昌市的旅游发展在很多方面都还需要进行改进和提升。

（2）总体上看，旅游者对南昌市红色旅游景区（点）的整体感知率较高，印象度和美誉度评价属于中等水平，各红色旅游景区（点）的感知率存在较大的差异。

（3）影响旅游者对南昌市红色旅游意象评价的因素主要包括旅游者的因素（如年龄、性别、学历、收入、对旅游地的熟悉程度等）、红色旅游景区的因素（如位置的偏离、等级与功能、环境等）、旅游信息的可获得性及其他相关因素。

（4）南昌市红色旅游评价性意象的运行存在着旅游者年龄的分层、意象要素的离散、意象媒介的错位和意象基质的低效等诸多问题。

第 8 章

基于网络文本分析的红色旅游意象研究

8.1 数据采集与处理

8.1.1 数据采集

蚂蜂窝旅游网是目前国内最大的旅行分享与攻略网站，主要提供自助游、自驾游攻略信息，依靠 UGC + SNS 模式，以用户自主生成内容构建社交网络，进行信息互动的分享（朱定飞，2017）。网站目前拥有超过 5000 万的注册会员，可以查找到几乎所有国内城市与部分国外城市的旅游攻略、旅行游记与点评等内容。蚂蜂窝旅游网会员对南昌市系列红色旅游景区（点）的文字点评与星级评价是本书的重要素材。

本书所使用的南昌市红色旅游意象调查数据全部来自蚂蜂窝网，这主要是出于如下几个方面的考虑：首先，中国在线旅游 UGC 市场参与者主要分为两类：一类为垂直企业，如蚂蜂窝、穷游网等；另一类为综合企业的攻略社区频道，如携程攻略社区。据艾瑞咨询统计数据显示，2014 年中国在线旅游 UGC 行业用户规模达 2.4 亿人，蚂蜂窝与穷游用户体量相近，各为 5500 万人和 5000 万人。蚂蜂窝与穷游网的人群都是旅游或自助游爱好者、文艺青年，其中具有很大的重合度，但是穷游网使用人群以国外游为主，而蚂蜂窝使用人群以国内游为主，这比较符合本书的目标人群。其次，蚂蜂窝提供几乎国内所有城市与国外部分城市的旅游攻略、旅行游记与点评等综合服务，目前已拥有超过 5000 万的注册会员，这些会员网友分享的旅行日记和发表的评论等为本书提供了足够数量与真实的研究数据。

2011 年 1 月至 2014 年 12 月 31 日，蚂蜂窝网上有关南昌市的推荐景点共有 80 个，其中 71 个景点有用户点评。参考本书的研究主题，本次数据采集所涉及的对象共 4 处，分别为八一广场、八一起义纪念塔、八一起义纪念馆和八一公园，共采集评论 808 条，经过文本过滤，剔除所有样本中重复评论和文字符号评论，获得有实意的有效中文文字点评 683 条。

8.1.2　数据处理

本书主要采用由武汉大学沈阳博士 ROST 虚拟学习团队研发的一款内容挖掘软件 ROST Content Mining 来进行数据处理。在分析之前，先对文本内容进行预处理，设定分词和过滤词的自定义表去除无意义词汇，替换同义词使同一事物的不同称呼统一为一个词，便于关键词的提取和社会语义网络分析。

在参考 Balogu 和 Mccleary（1999）所提出的旅游目的地意象由认知意象（cognitive image）、情感意象（affective image）和整体意象（over all image）3 个基本维度构成的基础上，建立本书的红色旅游意象分类表，分别是：①认知意象，主要是评论中出现的高频词及其网络关系；②情感意象，主要是评论中体现的情绪类型，可分为积极情绪、中性情绪和消极情绪三类；③整体意象，主是对红色旅游景区的评分，并采用李克特五分制量表进行评级，5 分最高，表示强烈推荐；1 分最差，代表不推荐。

用 ROST Content Mining 软件对收集到的网络文本进行分词，首先自定义分词表，设定八一广场、八一起义纪念馆、八一起义纪念塔等专有名词，再设定词频统计过滤词表，剔除常见但是与主题无关的词汇，最后提取出与主题相关的高频词表，作为认知意象的分析对象。同样，运用 ROST 情绪分析软件，分别对上述文本进行情感分析，以此为基础分析情感意象；综合蚂蜂窝网给出的系统评分结合语义网络分析得出整体意象。数据处理后结果如表 8－1 所示。

表 8－1　　南昌市红色旅游意象分类分析结果

认知意象	情感意象				整体意象
	情绪分析				
关键词	积极情绪	中性情绪	消极情绪	总发言数	评分
八一广场、纪念碑、南昌起义等	71.45%	15.37%	13.18%	683	3.8

8.2 红色旅游认知意象分析

网络文本高频词汇表（见表8-2）中的高频词“南昌”“广场”“八一”和“八一广场”表明“八一”这两个字和“南昌”是密不可分的，“八一广场”“纪念塔”“南昌起义”“纪念塔”作为“英雄城”的精神象征为旅游者所认知，是南昌市红色旅游的高认知意象元素。高频词汇分布比较均匀，表明除了八一南昌起义相关的纪念建筑外，还有其他的红色旅游意象元素被旅游者认知。将高频词汇分类后不难发现这些词汇主要集中在如下几个方面：（1）八一南昌起义相关的词汇：“纪念”“红色”“军旗”“升旗”“雕塑”“雄伟”“英雄”“壮观”“缅怀”“烈士”等；（2）表明方位地点的词汇：“公园”“周围”“市中心”“周边”“附近”“市区”“火车站”“商场”“沃尔玛”“步行街”“中山路”等；（3）表示活动的词汇：“休闲”“参观”“路过”“散步”“旅游”“逛逛”“购物”“娱乐”“拍照”等；（4）表示时间的词汇：“晚上”“周末”“夏天”“下午”等；（5）另外，出现在高频词汇表中的还有“门票”“免费”和“身份证”。

表8-2　　南昌市红色旅游景区网络文本高频词汇

提取词汇	词　频	提取词汇	词　频	提取词汇	词　频
南昌	291	革命	60	红色	32
广场	246	公园	51	放风	31
八一	190	纪念	44	中国	31
八一广场	185	周围	43	市民	30
地方	153	免费	43	人民	29
纪念塔	137	建筑	40	参观	29
南昌起义	104	市中心	39	地标	27
历史	103	晚上	37	旁边	27
起义	85	休闲	35	中山路	26
纪念馆	70	门票	33	军旗	25
中心	69	路过	32	升起	24

续表

提取词汇	词　　频	提取词汇	词　　频	提取词汇	词　　频
身份证	24	热闹	15	记得	12
位于	24	散步	15	叶剑英	12
交通	23	步行街	15	夏天	12
意义	23	周末	15	特色	12
附近	22	缅怀	15	进去	12
当年	22	江西省	15	英雄城	11
喷泉	22	适合	14	市区	10
方便	21	环境	14	大学	10
标志性	20	旅游	14	天气	10
雕塑	20	逛逛	14	火车站	10
值得	20	时间	14	人们	10
标志	18	江西	14	精神	10
景点	18	必须	14	风景	10
漂亮	18	位置	13	时代	10
雄伟	18	购物	13	商业	10
商场	18	音乐喷泉	13	讲解	10
先烈	18	第一次	13	下午	10
繁华	17	娱乐	12	共产党	9
英雄	17	烈士	12	便利	9
东湖	17	教育	12	气息	9
每天	17	每次	12	总指挥部	9
沃尔玛	17	文化	12	雕塑	9
壮观	16	拍照	12	印象	9
打响	16	普通	12	天安门	9

通过网络高频词的统计不难发现，旅游者对南昌市红色旅游的核心意象认知元素有“八一广场”“八一南昌起义纪念塔”和“八一南昌起义纪念馆”，它们共同构成了“八一品牌”的整体认知意象。旅游者对这些有历史纪念意义的建筑具有明确的认知，并怀有“缅怀”“纪念”的情感在里面。但这一区域又不仅是怀念历史的纪念场所，还有市民休闲、娱乐、购物的场所，加上附

近还有重要的商业设施，所以这里虽然被旅游者关注，但不是作为单纯的旅游吸引物。

结合语义网络分析（见图8－1）可知，以“南昌”“南昌起义”和“八一”“八一广场”构成的网络中心是南昌市红色旅游认知意象的绝对核心，但是围绕在这个核心周围分散的节点却是“周围”“市民”“休闲”之类的词汇，与核心词汇应有的严肃情绪完全不同，这说明这一区域虽然作为历史纪念物存在被旅游者认识，但是旅游者更倾向于把它作为休闲娱乐的场所。而另两个完全孤立的链接表明旅游者对于“门票”和“交通”的特别关注。

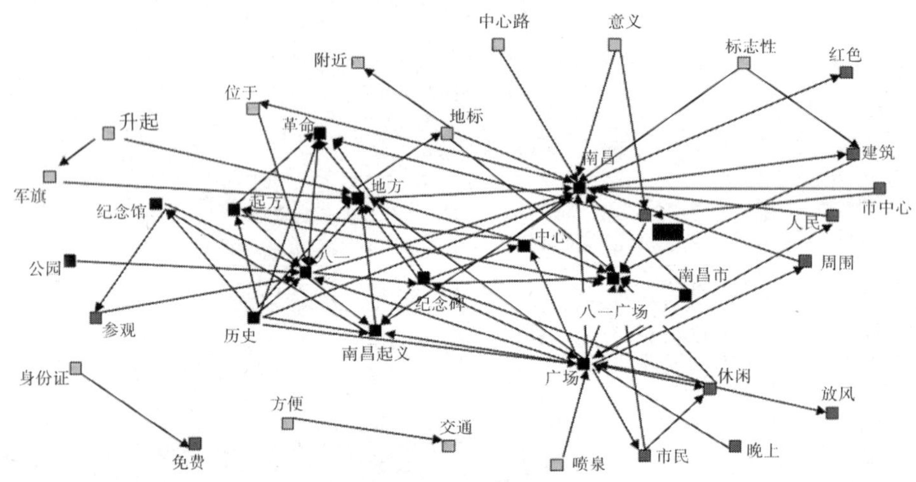

图8－1　八一广场及其周边地带红色旅游网络文本语义网络关系

8.3

红色旅游情感意象分析

由表8－3可知，旅游者对八一广场及其周边地带红色旅游景区的情感意象中，积极情绪只占发言总数的71.45%，消极情绪占13.18%。在积极情绪中，所占比例最高的是高度积极情绪，数量为227条，占33.24%，消极情绪主要是一般消极情绪，整体情感表现为积极情绪。旅游者对该区域的红色旅游情感意象是正面、赞同与肯定的，旅游者体验感知多数较为满意，高频词中有评论性词汇“值得”。

表 8－3　　八一广场及周边地带红色旅游情感意象分析结果

情绪分类	评论条数	所占百分比
积极情绪	488 条	71.45%
中性情绪	105 条	15.37%
消极情绪	90 条	13.18%
其中，积极情绪分段统计结果如下：		
一般（1～10）：	227 条	33.24%
中度（11～20）：	173 条	25.33%
高度（21 以上）：	88 条	12.88%
其中，消极情绪分段统计结果如下：		
一般（－10～－1）：	72 条	10.54%
中度（－20～－11）：	16 条	2.35%
高度（－21 以下）：	2 条	0.29%

考虑到八一起义纪念塔建在八一广场上，点评和评论多有重合，所以把这个景点的点评和评论与八一广场进行合并处理。在对八一广场和八一起义纪念馆的评论与点评中，积极情绪的最高分评论分别是："夜晚的八一广场很热闹，都是旅游者，虽然周边道路封闭，得上上下下天桥。作为游庐山的过客，多累呀，爬了 2 天几千个台阶，还得上下天桥，真的无奈。八一广场的地面设计很有特色，有灯光介绍，有灯光设计，边上还有江西省展览中心建筑。南昌的夜晚很舒服，广场边就是中山路了，兜兜了，好长好长，那么多商铺，集中在一条路上，看得有些麻木。喜欢南昌，喜欢八一广场的夜晚。""我觉得来到南昌，就跟到了陕西的延安一样，这样的免票纪念馆，是值得一去的，感受下当时的历史跟当时的精神，给个赞吧，没有老一辈的革命家，或许也就没有我们现在安逸的生活了，这种建筑，多是宣传一种精神，而现在的我们，正缺乏的是这样的精神。"

消极情绪的点评中得分最低的评论分别是："凭身份证可以免费进入，看看历史，不过东西不是很多，不过地理位置很优越，在市中心吧。""第一次去南昌的时候，就遇到骗子被骗了，所以对这座城市印象不好，后来又去了一次，还是因为很不开心的事，最终只去了八一广场。"

如表 8－4 所示，所有评论里出现的形容词可以分成两类：第一类是描述景观周围环境的，第二类是描述游客主观感受的。在描述景观周围环境的形容词中虽然有描述革命历史纪念物的词汇，如“雄伟”“壮观”“宏伟”“庄严”，但更多的却是表现休闲都市气息的词汇，如“休闲”“方便”“繁华”“漂亮”“便利”等。另外，描述游客主观感受的形容词中“值得”和“好玩”这类积极评价出现次数最多，而“普通”“差不多”这类中性评价也有出现。

表 8－4　　八一广场及周边地带红色旅游意象的形容词词频

红色旅游景区周围环境		旅游者主观感受	
提取词汇	词　频	提取词汇	词　频
休闲	30	值得	27
便利	28	热闹	14
优美	22	一般	11
雄伟	25	好玩	7
壮观	16	差不多	4
繁华	16	舒服	4
宽阔	13	幸福	4
庄严	5		
干净	5		
有名	5		
唯一	4		

八一广场作为南昌市红色旅游的核心意象是非常明确的，同时也是许多旅游者路过休闲的场所，怀念与休闲的情绪并存是该区域的典型情感意象。

8.4 红色旅游整体意象分析

本次研究主要以八一广场及其周边地带的红色旅游经典景区为网络文本分析的对象。作为南昌市商业中心和交通枢纽，八一广场及周边区域并不是纯粹的红色旅游区，其网络评分为 3.7 分，为一般推荐级别；旅游者情绪以积极情绪为主，总体是认可、赞同与肯定的。旅游者一致认同八一广场及其周边地带是南昌市的中心区之一，八一起义纪念塔是南昌市的地标建筑之一，南昌和八一南昌起义紧密相连，这些都是最重要的认知意象。

在上述分析的基础上，进一步结合标签云分析（见图 8－2）结果，不难总结出八一广场及周边区域的红色旅游整体意象：（1）该区域体现了八一南昌起义和南昌这座城市最直接的关系，“英雄城”这个代表南昌光荣革命历史的称呼被旅游者广泛认知和接受，总体意象比较清晰；（2）该区域不仅仅是旅游者首选的红色旅游目的地之一，还是一个集商业、娱乐、休闲、旅游为一体的城市功能综合区。旅游者对该区域的整体意象是作为城市的商业中心和作为革命纪念圣地的意象同时存在的，且两种意象相互交织。图8－2是通过可视化标签云展示的八一广场及周边区域的红色旅游整体意象。图形中词的大小由权值（词的词频）决定，它的目的在于一目了然地揭示数据中的复杂信息（J. Steele，I. Noah，2011）。

图8－2　八一广场及周边地带红色旅游整体意象标签云

文字云分析结果揭示了南昌市八一广场及周边区域的红色旅游整体意象的特征：

第一，广场、八一、八一广场与南昌表现出最直接的关系，形成了核心旅游意象层。

第二，与核心旅游意象关联密切的“纪念碑”“南昌起义”“历史”“地方”等词汇则揭示了第二层次的南昌市旅游意象，它们共同体现了南昌市独特的八一军事文化和红色革命历史文化旅游意象。

8.5 本章小结

（1）基于网络文本分析的红色旅游意象研究反映了旅游虚拟社区中的红

色旅游意象图景。南昌市的实证研究结果表明，旅游者对八一广场及周边区域作为“八一品牌”的整体意象认知度最高，而“八一广场”“八一南昌起义纪念塔”和“八一南昌起义纪念馆”则构成了南昌市红色旅游的核心认知意象元素；旅游者对南昌市八一广场及其周边地带的红色旅游情感意象总体上是正面的、赞同的，大多数旅游者都表现出积极的情绪，说明这里不仅是有吸引力的旅游目的地之一，而且便利的交通、繁华的商业街、休闲的气氛和优美的赣江风景也使旅游者在这里可以得到情绪的放松和身心的愉悦，从而成为旅游者情感加分的重要因素。

（2）重视互联网时代的旅游者信息反馈是红色旅游发展的重要方略。利用网络文本进行数据挖掘是旅游研究中的热点。南昌市因“英雄城”而闻名全国，是我国著名的红色旅游城市，包含有独一无二的“八一品牌”，但目前南昌市红色旅游的发展在网络中的表现还存在很多差强人意的地方。因此，应重视旅游虚拟社区人群对实体红色旅游景区的意象认知和情感评价，针对旅游者的网络文本分析结果，结合红色旅游发展的实际探讨互联网时代的城市红色旅游发展策略。

第 9 章

红色旅游意象的整饰研究

9.1

基于旅游者认知的红色旅游意象整饰策略

9.1.1 重视多渠道传播在红色旅游意象营造中的作用

南昌市的实证研究结果表明，红色旅游城市的意象要素通过各种传播形式作用于旅游者，进而在现实旅游者或潜在旅游者心目中形成对红色旅游地的综合印象；同时，旅游者出游前也会通过多渠道收集与目的地有关的信息，这些都会对红色旅游地的记忆传承发生作用。因此，应十分重视多渠道传播在红色旅游意象营造中的作用。

9.1.2 强化红色旅游意象载体的建设

信息载体与指称对象均是旅游者认知南昌市红色旅游意象的重要变量，两者相结合是提高南昌市红色旅游意象要素的被认知程度的有效途径。其中，历史实物、文字图片、文档资料等红色旅游展品是重要的红色旅游意象载体，应继续予以重视并不断丰富其展出的手段、形式与内容；与红色旅游有关的地名、红色纪念活动作为红色旅游意象的重要变量之一，应注意地名改变前的线索的保存和提高红色纪念活动举办的连续性；同时，还应注意按旅游者的空间行为规律精心编排红色旅游线路，进一步提升红色旅游景点的知名度和美誉度。

9.2 基于旅游者评价的红色旅游意象整饰策略

9.2.1 塑造具有“红色意象特质”的城市旅游形象

从旅游者评价的角度出发，红色旅游意象营造应着眼于塑造具有“红色意象特质”的城市旅游形象，应能反映旅游者对红色旅游城市的感受和评价特征。南昌市旅游者评价性意象的研究结果表明，“英雄城”是旅游者对南昌市的第一评价意象，也是南昌市的“红色意象特质”，应重点进行宣传和推广。同时，“自然环境好”也有较高的获选率，可以作为辅助形象进行推广。另外，还要注意消除或弱化诸如“城市环境卫生差”“交通混乱”等负面印象。

9.2.2 筛选情感认同度高的红色旅游景区点

南昌市的实证研究结果表明，旅游者不仅对南昌市红色旅游景区点的印象深浅不一，情感认同也强弱有别。因此，应选取那些旅游者印象较深刻（可意象性强）且情感上有一定程度认同旅游景区点，如八一起义纪念碑、八一广场、八一起义纪念馆、小平大道等作为南昌市红色旅游的代表性旅游吸引物进行重点推介和形象打造。

9.2.3 打造精品旅游廊道

从旅游者对南昌市红色旅游意象的评价中可知，赣江风光带、八一大道、八一大桥、胜利路步行街等不同类型的线性交通廊道不仅是南昌市的主要河流通道和景观道路，特色鲜明、功能复合，而且是旅游者情感认同度高的旅游吸引物，同时还连接有多个红色、绿色和古色旅游景区点，具有发展红色城市旅游的独特优势，可以将其作为南昌市的精品旅游廊道进行重点构建。

9.2.4 形成红、绿、古交相辉映的特色旅游区

南昌市作为全国著名的红色旅游城市，除了进一步提升其作为“英雄城”的旅游形象外，由于历史文化旅游景区点和生态观光旅游景区点与红色旅游景区点具有互补性，因此，也要注重整合一批历史文化较深厚的旅游景点（如滕王阁、佑民寺、绳金塔、万寿宫、八大山人纪念馆、省博物馆等）和生态环境较好的景区点（如赣江风光带、抚河风光带、象湖、青山湖和艾溪湖等），通过景区点串联和区域联动开发，形成红、绿、古交相辉映的特色旅游区。

9.3 基于意象要素运行的红色旅游意象整饰策略

9.3.1 加大对青少年的宣传引导，填补红色旅游者年龄上的分层

南昌市红色旅游意象运行中表现出来的红色旅游意象主体年龄的断层问题，实际上反映出了青少年在红色旅游认识上和红色文化素养上的缺乏。对此，要加大对青少年在这一方面的宣传教育和引导。一方面，要在社会、学校等场合增加相关的宣传和课程的设置，政府部门可以适时地举行一些针对青少年的红色旅游或红色文化参与活动；学校也应该多设置一些这方面的课程，并且举行一些红色知识的比赛，组织几次红色景点的实地参观等；而青少年自身也应该自觉提升在红色文化方面的素养，这包括关注和了解一些红色知识，积极参加学校举行的有利于提高红色素养方面的比赛。从而能整体提高在这一方面的缺乏，改善断层现象，提升整体传承的氛围。

9.3.2 拓宽红色旅游意象的传播渠道，消除意象传播媒介的偏离

积极利用新兴的宣传渠道，像网络、影视传媒，这些不仅是信息化时代下的新生宠儿，更是现代大部分人所乐于，甚至开始逐步习惯于获取信息的源

头。来南昌参观的旅游者大部分都是受亲朋好友的影响，受这些流行宣传渠道影响而至的甚少。政府应该拓宽旅游资源的宣传渠道，同步采用现今大部分人所热衷的网络、影视平台宣传手段，这不仅包括宣传时期这些多元化渠道的运用，也包括红色旅游景区内上述宣传工具在内容讲述和资源展示上的应用。这样就能尽力改善意象传播媒介和现实媒介之间的错位现状，极力挖掘由于宣传媒介的空缺而落下的潜在市场客源。

9.3.3 整合市内外红色旅游资源，实现区域红色旅游的整体开发

要做好红色旅游资源的城市规划工作，相关的红色旅游景区点之间应该设一些专有的旅游交通工具，或是在区域内设计一条专门的红色旅游路线图，便于整体的营销和宣传。同时可以加大对红色旅游资源的标示度，将它们和一些处于南昌旅游区主体框架内的景区结合起来，或是纳入基本框架之内。在旅行社进行旅游路线引导时可以实行某种程度上的“捆绑式销售”，加大客流量，以扩充旅游者对一些红色景点的熟悉程度，另外，也要加强景点附近的交通建设，规划好一些交通路线以及交通工具的通行，着力改变一些红色景点附近无车可达的现状，改善景点的可进入性。

9.3.4 发挥政府部门引导作用，提高红色旅游相关政策的运营效率

针对南昌红色旅游意象基质相对低效的问题，政府部门应该首先对本市的红色旅游树立一个积极的态度。从当前的发展现状出发，加强对区域内整体发展规划的统筹和改善。具体可以采取一些包括加大对红色景区规划建设的资金投入；树立可持续发展观念，在城市化改造中坚持“开发与保护并重”原则；改善城市环境质量；加大本市公共设施建设，着重于交通设施的改善等。在思想文化上，可以发挥政府的领头作用，举办一些“全民红色参与”等活动，加强对市民的红色意识的渲染。旅游者的素养提上去了，氛围有了，很多政策颁布下来支持度也就高了，实施起来也就事半功倍了。

9.4 互联网背景下的红色旅游意象整饰策略

信息时代，互联网已成为旅游者选择目的地的首要平台。截至 2016 年 12 月，我国网民规模达 7.31 亿人，互联网普及率为 53.2%（数据来源于《中国互联网络发展状况统计报告（2017）》）。互联网对旅游的影响已引起了旅游学界的关注，利用互联网进行数据挖掘逐渐成为研究的热点。其中，网络文本就是其中一个重要的数据获取渠道。本书通过对网络文本中的南昌市红色旅游意象分析来探讨南昌市在互联网背景下的红色旅游意象整饰策略。

9.4.1 塑造独特性意象

南昌市红色旅游发展最有特色、具有唯一性的红色旅游资源意象是“八一品牌”。因此，在红色旅游意象整饰时除了要首打“八一品牌”以外，还必须注重整合周边旅游资源。

（1）强化“八一品牌”建设。

南昌市中心城区具有唯一性的旅游资源是“八一广场—中山路—八一起义纪念馆”一线的“八一品牌”。八一南昌起义纪念馆是这一品牌的核心景点。八一南昌起义纪念馆是“中国军史第一馆”、国家一级博物馆，AAAA 级国家旅游景区，既有独特的文化内涵，又是原址建馆，是南昌市乃至江西省规格最高、最具特色的革命历史文化博物馆，也是宣传、展示人民军队诞生、发展、壮大历史的重要场馆，自开放以来就备受瞩目。2008 年 1 月 30 日纪念馆还率先向全社会宣布永久免费开放，与同为 AAAA 级国家旅游景区的滕王阁比较起来优势不言而喻。但是八一南昌起义纪念馆本身有两个问题：一是周边交通环境拥堵、旅游配套设施落后，八一起义纪念馆位于南昌市中心最繁华商业街区，受到周边环境的限制，街道狭窄来往交通拥堵，它的外部形象受到很大影响；二是自身宣传不够，缺乏影响力，旅游者对它的认知程度远远低于对滕王阁的认知程度。因此，要开发好“八一品牌”首先要做好景区及周边整体规划，协调好与周边商业街区的关系。八一起义纪念馆可以为周边商业区带来大量外地游客，同时周边良好的环境也会令游客产生更好的旅游体验。周边良好的环境是指足够的停车位、特色餐饮企业、优质的酒店配套以及干净整洁的城市街容街貌。八一广场是举行重大节事活动的重要场所，如果能通过中山路对接八一南昌起义纪念馆，将更加有利于“八一品牌”的建设。其次要扩大影响力，“八一品牌”不仅包括八一起义纪念馆和八一广场还包括多元的文化衍生产品，如南昌国际军乐节、江西农大军乐队，因此对“八一品牌”的宣传不仅要重视媒体传播形式还要注重媒体传播的持续性，吸引更多的人持续关注。

（2）改建中山路旅游商业步行街。

中山路是连接八一广场和八一起义纪念馆的重要通道，将中山路改建成旅游商业步行街是连点成片发挥“八一品牌”优势的关键步骤。将中山路改造成步行街有如下优点：第一，为南昌市国际军乐节提供永久的活动场所，有利于保持军乐节的持久影响力；第二，为八一起义纪念馆提供良好的外部空间，为游客接待提供购物、餐饮服务；第三，引导八一广场的过路游客进入核心商业游览区；第四，连接胜利路步行街，打通从八一广场到滕王阁的南昌中心城区市民休闲旅游带；第五，为市民和民间音乐团体活动提供娱乐表演的场所，可以进行经常性的展演活动。

9.4.2 强化活动体验意象

目前，南昌市红色旅游活动主要以静态展示为主，旅游者的体验性不强，导致旅游兴趣不浓、满意度不高。因此，应注重增强景区活动的体验性，提升游客满意度。第一，重视感官刺激和游客体验，可借助高科技，从视觉、听觉、嗅觉、触觉等多个方面进行游客感官刺激，创造不一样的红色展演体验；第二，进行智慧旅游建设，为游客提供方便、智能的智慧旅游体验设备与设施，大力推进电子展馆和虚拟博物馆建设。

9.4.3 重视媒介传播意象

针对南昌红色旅游情感意象中旅游者表现出正面的、赞同的积极情绪，在做好城市红色旅游开发的同时还应重视媒介传播意象，主动向外界营销南昌旅游新形象，提升南昌市旅游的知名度和美誉度。

（1）红色旅游信息传播的优化策略。

马莱茨克的大众传播理论认为，影响传播效果主要因素有信息传播者、信息接受者、信息和传播媒介（张国良等，2001）。旅游信息既包括当地的旅游政策、旅游法规公文、新闻、宣传片、城市概况、旅游产品及相关服务的广告、宣传及在媒体机构发布的当地旅游活动、文化、新闻、旅游节目、广播报道等，也包括亲友、旅行家甚至陌生人的个人旅游经验分享、文学作品、游记评论。旅游信息传播者既可以是政府、旅游管理部门，旅游企业，媒体等机构组织，也可以是亲朋好友、驴友网友或者是导游及当地居民，尤其是自媒体时代甚至每一个旅游信息接收者都可以成为信息传播者。南昌市红色旅游信息的传播应该是立体多层次的，应建立起城市形象宣传、旅游服务信息、游客游记互动全方位立体信息网络。

第一，建立完善的旅游综合信息服务体系。南昌市旅游局和相关单位作为南昌市旅游开发的主管单位，除了应建立完善的公共服务信息体系，为旅游者提供实时的详细的旅游信息以外，还应整合跨平台的旅游综合服务体系，其中包括公益性和营利性的旅游咨询网站、旅游媒体平台、旅游咨询服务中心、旅游热线等。目前，八一起义纪念馆尚未被纳入南昌旅游网的宣传内容中，应尝试改变这种现状并进一步加强自身的网络宣传力度。

第二，加强红色旅游城市形象宣传。针对南昌中心城区的“八一品牌”传播比重，加大文化信息传播，强化“英雄城”城市旅游形象。城市红色旅游传播的人文信息包括传统媒体和新媒体上的城市宣传片、城市风光片，城市经济、文化、娱乐信息，旅游产品广告宣传，各类赛事、地方节庆、会展活动等信息。

第三，提高网络媒体的关注度。南昌市八一广场及其周边地带是南昌市红色旅游的代表性区域，八一广场作为城市中心广场为开展节庆活动和会展活动提供了场所，而这两项活动又是南昌市旅游的两个新增长点。在已有“南昌军乐节”基础上还要加强后续活动开发，弘扬南昌红色革命精神，应注重发扬其红色文化传统，与滕王阁景区等一同联合策划组织一些在全国有影响的大型文化活动，相互依托联合信息源，使南昌能在较大范围内保持较高媒体关注度。

第四，重视自媒体意见领袖的宣传作用。自媒体意见领袖常常会以多样化的传播内容反映在搜索引擎的大数据上，不仅是重要的信息源，也可以为城市旅游实现精准营销提供基础。

另外，还要注重发挥中心城区的区位优势，利用城区交通枢纽的有利条件提供旅游需求的实用信息，包括城市红色旅游景区景点的资源介绍、餐饮住宿的服务信息、天气交通路况信息等。目前南昌虽然在机场、高铁站、高速公路、市内公共空间设有多媒体信息展示终端，但是内容单一，以静态人文风光展示为主，今后应增加动态实时旅游信息满足以自助游、自驾游方式出游的旅游者的需求。

（2）城市旅游传播媒介的优化策略。

首先，应针对不同年龄、不同职业、不同出游方式应该选用不同的传播媒介来达到最优的传播效果。信息传播的重要媒介有电视、报纸、杂志、广播、户外广告牌、互联网、移动互联网、电影院线等。针对传统旅行社出游的游客，信息投放应该着重于大众传媒和渠道层面，加大与旅行社的合作；针对散客自助游游客，信息投放应该着重于分众传媒，尤其是移动互联网信息平台；针对潜在的游客信息投放应该在受众面广、信息容量大的电视媒体和信息门户网站；针对已经在旅行途中的游客信息投放应该在快捷、方便的移动平台和旅游目的地实地的媒体终端机上。

目前南昌市红色旅游信息的推介媒体涵盖报纸、杂志、电视、户外广告、新闻门户网站、微博、微信和一些专业性旅游网站，但媒体选择随意性强，传播效果反馈滞后，没有强有力的信息发布平台，缺乏统一的、官方的、可靠的、专业的信息发布组织，媒体控制力很弱。目前，南昌旅游局官方微博平台自身运行良好，但是关注度较低，转发数和评论数较低，不注重与其他南昌旅游相关微博、微信号互动，没有真正融入社交媒体的媒体生态圈。应注重聘用专门的媒体运营机构负责媒体的选择与组合，依据媒体选择的覆盖最大化原则、功能互补原则、时间交错原则、点面互补原则、时效差异互补原则、协调统一原则，统筹策划，选择城市红色旅游形象传播的媒介最优化组合。

9.5 本章小结

（1）多渠道传播和意象载体建设是基于旅游者认知的红色旅游意象整饰的两大抓手。研究表明，多渠道传播是旅游者收集与获取红色旅游地相关的信息重要途径；而信息载体与指称对象是旅游者认知南昌市红色旅游意象的重要变量。因此，基于旅游者认知的红色旅游意象的整饰策略也应从上述两个方面入手。

（2）情感认同度高的旅游吸引物是基于旅游者评价的红色旅游意象整饰的着眼点。研究表明，旅游者对南昌市的红色旅游意象评价有正面的也有负面的，正面评价既是旅游者的情感认同面，也是基于旅游者评价的南昌市红色旅游意象整饰的着力点，相关策略包括：宏观上要塑造具有“红色意象特质”的城市旅游形象；中观上要注重打造精品旅游观光走廊和形成红、绿、古交相辉映的特色旅游区；微观上要重视筛选情感认同度高的旅游景区点。

（3）红色旅游意象的高效运行是红色旅游意象整饰的重要保障。研究表明，红色旅游意象的各要素在运行过程中会出现各种问题，这些问题从一个侧面反映了红色旅游景区在管理中所存在的某些症结。只有从这些问题入手，及时发现并有针对性地加以解决，才能确保红色旅游意象运行得高效，同时才能为红色旅游意象的整饰提供保障。

（4）在互联网背景下，红色旅游意象的整饰可从塑造独特性意象、强化活动体验意象和重视媒介传播意象三个方面入手。

第 10 章

研究结论与展望

10.1 研究结论

（1）认知意象和评价意象是红色旅游意象的两个构面。

研究表明，南昌市红色旅游意象由认知意象和评价意象两个层面构成。其中，认知意象与旅游者的红色记忆密不可分，不同旅游者群体间的认知意象有差异，而年龄、性别、到访次数、停留天数、旅游动机（文化体验、探亲访友）和渠道种类是影响认知意象的主要因素。评价意象则与旅游者的情感评判有关。旅游者对南昌市红色旅游的情感评价意象总体呈现一定程度的统一，“有独特的革命历史”是游客对南昌市红色旅游的首要评价意象，而旅游者的年龄及其对旅游地的熟悉程度、红色旅游景区点的偏离、旅游信息的可获得性等则是影响旅游者情感评价的重要因素。

（2）红色旅游意象的影响因素具有共性。

无论是认知意象还是评价意象，两者的影响因素都可大致归为三大类，即旅游者自身的因素、红色旅游地相关因素及网络信息媒介等因素。其中，旅游者年龄、对红色景区的熟悉度和旅游信息的可获得性又是两者共同的主要影响因素。

（3）旅游者对红色旅游意象的认知具有一定的规律。

南昌市的实证研究表明，在一级红色旅游意象变量中，旅游者对指称对象的认知程度要大于信息载体；在二级红色旅游意象变量中，红色旅游展品、红色名人、重大革命事件及其历史意是重要的红色旅游认知意象变量，而与红色旅游景区（点）、红色旅游有关的地名、红色纪念活动则是旅游者认知程度相对较低的意象变量。

(4) 量表法是红色旅游意象的有效测量方法。

本书建构的基于旅游者记忆的红色旅游意象量表体系主要由信息载体变量（能指）和指称对象变量（所指）2 个一级变量组成，下分 5 个二级变量，可对南昌市不同级别的红色旅游意象变量的被认知程度进行测量，进而在总结红色旅游意象要素构成特点的基础上，归纳出旅游者对南昌市红色意象的认知规律，是进行红色旅游意象研究的有效测量方法。

10.2 主要创新点

(1) 构建了基于游客记忆的红色旅游意象变量体系，为红色旅游意象研究提供了可借鉴的分析方法。

本书构建的红色旅游意象变量体系强调了基于旅游者记忆的红色旅游认知意象的因子构成，并从能指（信息载体变量）和所指（指称对象变量）两个层面测量红色旅游认知意象，以南昌市为案例的实证研究也验证了这一测量量表体系的有效性，为红色旅游意象的定量分析创造了条件，同时为我国红色旅游意象的研究提供了可供借鉴的研究方法。

(2) 将城市意象理论运用于红色旅游城市研究，为我国红色旅游研究提供了新视角。

本书将城市意象理论运用于红色旅游城市研究，通过构建基于旅游者记忆的红色旅游意象变量体系和设计旅游者对南昌市红色旅游意象评价的调查问卷，探讨了旅游者对南昌市红色旅游意象的认知和评价特征，分析了其影响因素并总结了其认知、评价规律，为南昌市红色旅游意象的整饰提供了新视角。南昌市的实证研究对国内其他同类型红色旅游城市的红色旅游研究具有借鉴和启示意义。

(3) 探索了不同视角的红色旅游意象整饰策略。

红色旅游意象有不同构面，本书从认知和评价两个层面的意象入手探讨红色旅游意象的整饰策略，有助于提出更加科学、全面和落地的红色旅游规划开发方案；基于意象要素运行的红色旅游意象整饰则是根据红色旅游意象的各要素在运行过程中可能出现的各种问题和针对红色旅游景区在管理中所存在的某些症结提出的红色旅游景区规划管理策略，有助于增强红色旅游研究解决实际问题的能力，提高红色旅游意象研究的应用价值。

10.3 研究展望

（1）扩大案例地和研究对象。

截至2016年年底，我国已有12个重点红色旅游区、30条红色旅游精品路线、300个红色旅游经典景区。本书对红色旅游意象的研究案例地选取仅限于南昌市单个典型红色旅游城市的系列红色旅游景区，后续研究还可以选择多个不同地区、不同历史阶段的典型红色旅游景区展开；研究对象除了旅游者以外，还可针对地方居民。在此基础上，进一步可进行同一个红色旅游城市的旅游者与居民之间、不同类型的红色旅游城市旅游者之间或者是居民之间的对比研究，从而更好地探析同一城市不同主体之间以及不同城市的相同主体之间的红色旅游意象的形成机理。此外，有关城市规划者、管理者和城市移民等不同类型社会群体的红色旅游意象的研究也应得到重视。

（2）进一步拓展研究领域。

本书主要基于游客的记忆探讨了旅游者对红色旅游意象的认知程度及其影响因素与认知规律，但旅游者对红色旅游意象的认知及情感评价对旅游者行为有何影响，即红色旅游意象的效应问题，还没有得到进一步的探析。另外，不同主体红色旅游意象的形成机制以及这种意象对主体行为的作用机理也需要进行深入的研究。

（3）注重融合多学科的研究方法。

由于旅游者的认知具有主观性和不确定性，本书所建立的基于游客记忆的红色旅游意象认知变量体系也必然还存在不完善的地方，还需要在大量实证研究的基础上进一步验证和完善。目前红色旅游意象的研究较多采用了量表设计及相关数理统计分析方法，对定性资料的定量化分析得不够，如较少采用网络文本分析、扎根理论和实验心理学方法等，而这些学科的研究方法对红色旅游意象的研究非常有效。因此，今后应注重更多借鉴多学科的研究方法进行红色旅游意象的融合研究，形成该领域独特的研究方法体系。

附　　录

附录 A　南昌市红色旅游调查问卷

尊敬的游客朋友：

您好！为了更好的了解南昌市红色旅游发展状况，我们进行了此次调查。感谢您对我们工作的支持和百忙之中提供的宝贵意见！谢谢！

江西财经大学课题组

调查地点：__________调查时间：__________

第一部分：关于您的情况（请勾选）

1. 您的性别：□男　□女

2. 您的年龄：□18 岁以下　□18～30 岁　□30～60 岁　□60 岁以上

3. 您的职业：□机关事业单位　□专业技术人员　□教师　□学生　□个体/私营业主　□离退休人员　□公司职员　□其他

4. 您的受教育程度：□初中以下　□高中/中专　□大学本专科　□研究生以上

5. 您的月平均收入：□1000 元以下　□1000～3000 元　□3000～5000 元　□5000～8000 元　□8000 元以上

6. 您到访南昌的次数：□1 次　□2 次　□3 次　□3 次以上

7. 您偏好的旅游地类型：□自然型旅游地　□人文型旅游地　□都喜欢

8. 您此次来南昌的出游动机（多选）：□体验历史积淀　□感悟红色文化
□休闲购物　□都市观光
□探亲访友　□其他

第二部分：您对南昌市红色旅游意象的认知情况（请勾选）

1. 您主要通过下列哪些渠道了解南昌红色历史的（多选）

A. 网络　B. 影视/广播　C. 亲朋好友介绍　D. 报纸杂志　E. 旅行社
F. 书籍　G. 解说牌　H. 导游讲解　I. 旅游体验活动　J. 城市小品
K. 纪念馆　L. 其他

2. 请您对“八一南昌起义”历史事件及其意义的了解情况进行选择

历史事件及其意义		了解程度（请在相应的选项打“√”）	
事件本身	八一南昌起义	了解	不了解
事件意义	打响武装反抗第一抢	了解	不了解
	创建人民军队的开始	了解	不了解
	共产党独立领导革命战争的开始	了解	不了解

3. 您认为下列哪些人物参与指挥了八一南昌起义（多选）

A. 朱德　B. 贺龙　C. 叶挺　D. 刘伯承　E. 周恩来

4. 您知晓南昌市下列哪些红色旅游地？（多选）

A. 八一起义纪念馆　B. 八一起义纪念碑　C. 江西省博物馆
D. 贺龙指挥部旧址　E. 新四军军部旧址　F. 江西革命烈士纪念堂
G. 朱德旧居　H. 朱德军官教育团旧址　I. 二十军军部旧址
J. 十一军军部旧址　K. 方志敏烈士墓　L. 叶挺指挥部旧址

5. 您知晓南昌市下列哪些与八一南昌起义有关的地名？（多选）

A. 八一广场　B. 八一大道　C. 八一公园　D. 八一大桥
E. 英雄大桥　F. 松柏巷天主教堂　G. 百花洲　H. 洗马池
I. 牛行车站　J. 志敏大道　K. 系马桩　L. 胜利路步行街

6. 您知晓或参观过下列哪些红色旅游展品？（多选）

A. 文字图片（展示）　B. 历史实物（陈列）　C. 文档资料（电子）

附录 B　南昌市红色旅游调查问卷

尊敬的游客朋友，您好！

我们想调查一下您对南昌市红色旅游的印象，以促使南昌市红色旅游更好的发展。谢谢您的配合！

江西财经大学课题组

调查地点：__________调查时间：__________

第一部分　南昌市红色旅游印象调查

（一）请根据您自己的真实感觉进行填答

1. 南昌市作为您此次的旅游目的地，您对它的总体印象是什么？（请用您能想到的任何词语进行描述）

____

____。

2. 请用您能想到的任何词语描述南昌市作为一个红色旅游城市带给您的旅游感受：

____

____。

3. 从未到过南昌市的朋友来南昌市旅游，你会首先向他（她）推荐什么？

____

____。

第二部分　南昌市城市旅游特色调查（多选，请打“√”）

1. 您认为南昌市作为一座有特色的红色旅游城市应具备如下哪些条件？

□独特的革命历史文化　□有纪念意义的特色建筑（群）　□有品位的红色旅游景区点　□便利的休闲、娱乐、购物场所　□良好的生态环境　□整洁的城市环境　□便捷的交通网络　□其他

2. 作为全国知名的红色旅游城市，您认为南昌市的特色（优势）体现在

如下哪些方面？

□英雄城　□独特的革命历史　□生态环境好　□历史文化底蕴深厚

□发展变化快　□湖泊众多，湖城交融　□其他

3. 您希望南昌市将来的红色旅游城市建设风格是：

□保持独特革命历史文化的红色旅游城市　□现代化的红色旅游休闲城市

□生态型的红色旅游城市　□生活型的红色旅游城市　□其他

4. 您认为未来南昌市的红色旅游城市建设应该在以下哪些方面得到加强？

□城市红色旅游标志物和标志性景区点的建设　□独特革命历史文化遗址的保护与开发　□河流湖泊风景区的旅游开发与宣传　□城市环境的改善

□商业中心和购物休闲街区的建设　□城市交通网络的完善　□其他

第三部分　个人基本资料（单选，请打"√"）

1. 性别：①男　②女

2. 年龄：①18 岁以下　②18 ~ 35 岁　③36 ~ 45 岁　④46 ~ 60 岁　⑤60 岁以上

3. 教育程度：①小学　②初中　③高中/中专　④大专　⑤本科　⑥硕士及以上

4. 您的职业：①党政机关管理人员　②企事业管理人员　③普通职员　④专业/文教技术人员　⑤军人　⑥农民　⑦私营业主　⑧学生　⑨离退休人员　⑩其他

5. 您的月平均收入：①1000 元以下　②1001 ~ 2000 元　③2001 ~ 3000 元　④3001 ~ 5000 元　⑤5000 元以上

参考文献

[1] Anderssen, P, R. T. Colberg. Multivariate Analysis in Travel Research: ATool for Travel Package Design and Market Segmentation. In The Fourth Annual Conference Proceedings of TTRA. Sun Valley, ID: Travel and Tourism ResearchAssociation, 1973, pp. 225 –238.

[2] Appleyard D. Styles and methods of structuring a city. Environment and Behavior, 1970 (2).

[3] Baloglu S, McCleary K W. A model of destination image formation. Annals of Tourism Research, 1999, 26 (4): 868 –897.

[4] Baloglu S. Image variations of Turkey by familiarity index: informational and experientialdimensions [J]. Tourism Management, 2001, 22: 127 –133.

[5] Beerli A, Martín J D. Factors influencing destination image. Annals of Tourism Research, 2004, 31 (3): 657 –681.

[6] Best M. Norfolk Island: thanatourism, history and visitor emotions. Shima: The International Journal of Research into Isl & Cultures, 2007, 1 (2): 30 –48.

[7] Biran A, Poria Y, Oren G. Sought experience at (dark) heritage sites. Annals of Tourism Research, 2011, 38 (3): 820 –841.

[8] Blom T. Morbid tourism: a postmodern market niche with an example from Althorpe. Norwegian Journal of Geography, 2000, 54: 29 –36.

[9] Bongkosh Ngamsom Rittichainuwat. Responding to disaster: Thai and Scandinavian tourists' motivation to visit phuket, Thailand. Journal of Travel Research, 2008, 46 (5): 422 –432.

[10] Boulding, K. E. The image. The University of Michigan Press, 1956.

[11] Butler, R. W. The Concept of a Tourist Area Cycle of Evolution: Implications for Management of Resources. Canadian Geographer, 1980, 24 (1): 7.

[12] Calantone, R. l. , C. A. di Benedetto. A. Hakam, and D. C. Bojanic. Multiple Multinational Tourism Positioning Using Correspondence Analysis. Journal of Travel Research, 1989, 28 (2): 25 -32.

[13] Cassia P S. Tradition, Tourism and Memory in Malta. Journal of the Royal Anthropological Institute, 1999, 5 (2): 247.

[14] Charles Vlek. Essential Psychology for Environmental Policy Making. International Journal of Psychology, 2005 (35): 152 -167.

[15] Chon KS. The role of destination image in tourism: A review and discussion. The Tourist Review, 1990, 45 (2): 2 -9.

[16] Crompton, J. L. An Assessment of the Image of Mexico as a Vacation Destination and the Influence of Geographical Location upon That Image. Journal of Travel Research, 1979, 17 (spring): 18 -23.

[17] Crompton, J. Motivation for Pleasure Vacation. Annals of Tourism Research, 1979, 6: 408 -424.

[18] Dann, G. Anomie Egoenhancement Tourism. Annals of Tourism Research, 1977, 17: 155 -169.

[19] Dunkley R, Morgan N. Westwood S. Visiting the trenches: Exploring meanings and motivations in battlefield tourism. Tourism Management, 2011, 33 (4): 860 -868.

[20] Echtner C, Ritchie J. The meaning and measurement of destination image. The Journal of Tourism Studies, 1991, 2 (2): 2 -12.

[21] Echtner, C, J. R. B. Ritchie. The Measurement of Destination Image: An Empirical Assessment. Journal of Travel Research, 1993, 22 (4): 3 -13.

[22] Embacher J, Buttle F. A repertory grid analysis of Austria's image as a summer vacation destination. Journal of Travel Research, 1989, 27 (Winter): 3 -5.

[23] Enrich Pol. Blueprints for a History of Environmental Psychology: From First Birth to American Transition. Medio Ambiente y Comportamiento Humano, 2006, 7 (2), 95 -113.

[24] Ercan Sirakayam, Sevil Sonmez. Gender Images in State Tourism Brochures: An Overlooked Area in Socially Responsible Tourism Marketing. Journal of Travel Research, 2000, May: 323 -362.

[25] Fakeye P C, Crompton J L. Image differences between prospective, first – time and repeat visitors to the Lower Rio Grande Valley. Journal of Travel Research, 1991, 30 (2): 10 –16.

[26] Foley M, Lennon J. JFK and dark tourism: a fascination with assassination. International Journal of Heritage Studies, 1996, 2 (4): 198 –211.

[27] Fr í asM, Rodr í guez M A, Blas SS. Internet vs travel agencies on pre – visit destination imageformation: An information processing view. Tourism Management, 2008, 29 (1): 163 –179.

[28] Gallarza M G, Saura IG, Carc í a H C. Destination image: Towards a Conceptual Framework. Annals of Tourism Research, 2002, 29 (1): 56 –78.

[29] Garner, W. C, J. Hunt. An Analysis of State Image Change over a Twelve – Year Period (1971 –1983). Journal of Travel Research, 1987, 26 (2): 15 –19.

[30] Gartner W C. Image formation process. Journal of Travel and Tourism Marketing, 1993, 2 (2/3): 191 –215.

[31] Gibson J J. The Ecological Approach to Visual Perception. Hillsdale: Lawrence Erlbaum, 1986. 1 –332.

[32] Goodrich, J. N. A New Approach to Image Analysis through Multidi – mensional Scaling. Journal of Travel Research, 1977, 16 (3): 3 –7.

[33] Goodrich, J. N. The Relationship between Preferences for and Perceptions of Vacation Destinations. Journal of Travel Research, 1978, 16 (Fall): 8 –13.

[34] H. Zhang, X. Fu, L. A. Cai, L. Lu, Destination image and tourist loyalty: a meta – analysis. Tourism Management, 40 (2014): 213 –223.

[35] Hunt JD. Image as a factor in tourism development. Journal of Travel Research, 1975, 13 (3): 1 –7.

[36] Hunt, J. D. Image as a factor in tourism development. Journal of Travel Research, 1975, 13 (3), 1 –7.

[37] Husbands W. Social Status and Perception of Tourism in Zambia. Annals of Tourism Research, 1989, (1).

[38] Iso – Ahola, S. Toward a Social Psychological Theory of Tourism Motivation: A Rejoinder. Annals of Tourism Research, 1982, 9: 156 –262.

[39] Jacobs J. The Death and life of great American cities. Random House, 1961.

[40] John, T. Coshall. Measurement of tourists' images: The repertory grid approach. Journal of Travel Research, 2000, 38 (Aug): 85 – 89.

[41] Kim H, RichardsonSL. Motion picture impacts on destination images. Annals of Tourism Research, 2003, 30 (1): 216 – 237.

[42] Kim, Y., & Alan, P. Linking the spatial syntax of cognitive maps to the spatial syntax of the environment, 2004.

[43] Kotler, P, H. Barich. A Framework for Marketing Image Management. Sloan Management Review, 1991, 32 (2): 94 – 104.

[44] Krippendorff K. Content Analysis: An Introduction to its Methodology. Beverly Hills: Sage Publications, 1980. 1 – 40.

[45] Lawson F, Baud – Bovy M, Tourism and recreational Development. London: Architectural Press. 转引自：那梦帆，谢彦君．旅游目的地意象感知的维度辨识：基于网络游记的文本分析 [J]. 旅游论坛，2016，9 (03): 27 – 36.

[46] Lennon J, Foley M. Dark Tourism: The Attraction of Death and Disaster. London: Continuum, 2000.

[47] Lewis, Barbara R. Service Quality: An International Comparison of Bank Customers' Expectations and Perceptions. Journal of Marketing Management, 1991, 7 (1): 47 – 62.

[48] Lynch K. Good City Form. Design, 1984.

[49] Lynch K. The Image of the City. MIT Press, 1960.

[50] M. G Gallarza, I. G. Saura, H. C. Garci'a, Destination image: towards a conceptual framework, Ann. Tour. Res. 29 (1) (2002) 56 – 78.

[51] Mackay K J, Couldwell C M. Using Visitor – Employed Photography to Investigate Destination Image. Journal of Travel Research, 2004, (42): 390 – 396.

[52] Mantelero A. The EU Proposal for a General Data Protection Regulation and the roots of the 'right to be forgotten'. Computer Law & Security Review, 2013, 29 (3): 229 – 235.

[53] Markwell K W. Dimensions of Photography in a nature based tour. Annals of Tourism Research, 24 (1): 131 – 155.

[54] Mart ín H S, del Bosque IA R. Exploring the cognitive – affective nature

of destination image and The role of psychological factors in its formation. Tourism Management, 2008, 29 (2): 263 –277.

[55] Mayo, E. J, L. P. Jarvis. The Psychology of Leisure Travel. Boston: CBI. 1981.

[56] Mayo, Edward J, Lance P. Jarvis. The Psychology of LeisureTravel: Effective Marketing and Selling of Travel Services. Boston: CBI. 1981.

[57] Mccabe, H. Contesting home: tourism, memory, and identity in sackville, new Brunswick. . Canadian Geographer, 2010, 42 (3), 231 –245.

[58] Miles W. Auschwitz: museum interpretation and darker tourism. Annals of Tourism Research, 2002, 29: 1175 –1178.

[59] Milman, A, A. Pizam. The Role of Awareness and Familiarity with a Destination: The Central Florida Case. Journal of Travel Re – search, 1995, 33 (3): 21 –27.

[60] Palmer, J. A, Suggate, J. Influences and experiences affecting the professional environmental behaviour of educators. Environmental Education Research, 1996, 2 (1): 109 –121.

[61] Pearce, P. L. Perceived Changes in Holiday Destinations. Annalsof Tourism Research, 1982, 9: 145 –164.

[62] Phelps, A. Holiday Destination Image – The Problems of Assessment: An Example Developed inMenorca. Tourism Management, 1986, 7 (3): 168 –180.

[63] PoJu Chen; Deborah LKerstetter. International students' image of rural Pennsylvania as a travel destination. Journal of Travel Research, 1999, 29 (Feb): 256 –266.

[64] Podoshen J, Hunt J. Equity restoration, the Holocaust and tourism of sacred sites. Tourism Management, 2011, 32 (6): 1332 –1342.

[65] Rapoport, A. Human aspects of urban form: Towards a man – environment approach to urban form and design. New York: Pergamon Press, 1977: 438.

[66] Reynolds W H. The role of the consumerin image building. California Management Review, 1965, 7: 69 –76.

[67] Rojek C. Ways of Escape. Basingstoke: Macmillan, 1993.

[68] Schroeder I, Sonmez S. Exploring the touristic image of Jordan. Tourism

Management, 1999, 20 (4): 538 –542.

[69] Seaton A V. Guided by the dark: from thanatopsis to thanatourism. International Journal of Heritage Studies, 1996, (2): 234 –244.

[70] Seaton A V. Guided by the dark: from thanatopsis to thanatourism. International Journal of Heritage Studies, 1996, (2): 234 –244.

[71] Sheth, J. N, B. I. Newman, and B. L. Gross. Consumption Values and Market Choices. Cincinnati, OH: South – Western. 1991.

[72] Slade Peter. Gallipoli thanatourism: the meaning of ANZAC. Annals of tourism Research, 2003, 30 (4): 779 –794.

[73] Steele J, Noah I:《数据可视化之美》，祝洪凯、李妹芳译，机械工业出版社 2011 年版。

[74] Stern E, Krakover S. The Formation of a Composite Urban Imag. Geographical Analysis, 1993, (2). 转引自：乌铁红．旅游地意象形成影响因素研究综述 [J]. 内蒙古大学学报（哲学社会科学版），2013, 45 (2): 81 –88.

[75] Stokols, D. Environmental psychology. Annual Review of Psychology, 1978, Vol 29, pp. 253 –295.

[76] Stone P R. A dark tourism spectrum: towards a typology of death and macabre related tourist sites, attractions and exhibitions. Tourism: An Interdisciplinary International Journal, 2006, 54 (2): 145 –160.

[77] Tasci A D A, Gartner C W, Cavusgil T S. Conceptualization and operationalization of destination image. Journal of Hospitality & Tourism Research, 2007, 31 (2): 194 –223. 转引自：白凯，赵安周．城市意象与旅游目的地意象研究中的趋同与分野 [J]. 地理科学进展，2011, 30 (10): 1312 –1320.

[78] Tunbridge J, Ashworth G. Dissonant Heritage: Managing the Past as a Resource in Conflict. Chichester: John Wiley, 1996.

[79] Uysal, M, C. Jurowski. An Empirical Testing of the Push and Pull Factors of Tourism Motivations. Annals of Tourism Research, 1993, 21: 844 –846.

[80] Uzell D. The hot interpretation of war and conflict [A]. In Heritage Interpretation Volume I: The Natural & Built Environment. 1992, 1: 33 –47.

[81] Walmsley D J, Jenkins J M. Appraisive Images of Tourist Areas: Appli-

cation of Personal Construct. Australian Geographer，1993，(2).

[82] Winter C. Tourism，social memory and the Great War. Annals of Tourism Research，2009，36 (4)：607 -626.

[83] C. 米歇尔·霍尔：《旅游休闲地理学：环境·地点·空间（第3版）》，旅游教育出版社2007年版。

[84] 安洁琳："发展红色旅游与发展马克思主义大众化研究"，大理学院，2014。

[85] 安新丽，李妍："浅析红色旅游基地在爱国主义教育中的作用"，《河北青年管理干部学院学报》，2004年第4期。

[86] 敖海华："论红色旅游与思想政治教育的创新"，贵州师范大学，2006。

[87] 白凯、陈楠、赵安周："韩国潜在游客的中国旅游目的地意象认知与行为意图"，《旅游科学》，2012年第1期。

[88] 白凯、孙天宇、谢雪梅："旅游目的地形象的符号隐喻关联研究——以陕西省为例"，《资源科学》2008年第8期。

[89] 白凯、张春晖、郑荣娟等："跨文化群体游客的中国旅游目的地意象色彩认知"《地理科学进展》，2011年第2期。

[90] 白凯："旅游目的地意象定位研究述评——基于心理学视角的分析"，《旅游科学》，2009年第4期。

[91] 曹帅强、邓运员、王强等："基于景观基因图谱的古城镇'画卷式'旅游规划模式——以靖港古镇为例"，《热带地理》，2017年第4期。

[92] 柴彦威、塔娜："中国行为地理学研究近期进展"，《干旱区地理》，2011年第1期。

[93] 柴彦威、颜亚宁："西方行为地理学的研究历程及最新进展"，《人文地理》，2008年第6期。

[94] 柴彦威："行为地理学研究的方法论问题"，《地域研究与开发》，2005年第2期。

[95] 车震宇："城市意象要素在城市旅游规划中的应用——以西双版纳州景洪市为例"，《社会科学家》，2010年第6期。

[96] 程巧："红色档案的开发与红色旅游的可持续发展"，《兰台世界》，2009年。

[97] 程胜龙、周武生、焦继宗："兰州市旅游形象资源与旅游形象定位研究"，《干旱区资源与环境》，2008 年第 4 期。

[98] 戴菲、章俊华："规划设计学中的调查方法 4——行动观察法"，《中国园林》，2009 年第 2 期。

[99] 戴菲、章俊华："规划设计学中的调查方法 5——认知地图法"，《中国园林》，2009 年第 3 期。

[100] 戴湘毅、王晓文：中国地理学会 2007 年学术年会论文摘要集 [C]. 南京：中国地理学会，2007.

[101] 邓燕平："精准扶贫视角下革命老区红色旅游扶贫研究——以井冈山为例"，《红色文化资源研究》，2016 年第 2 期。

[102] 董玥、徐薛艳："基于 web2.0 图片交互平台的游客旅游意象分析1——以枫泾古镇为例"，《旅游论坛》，2017 年。

[103] 段晓赛、赵锋、张倩等："旅游文化纪念品意象传达与符码转换设计研究"，《包装工程》，2016 年第 22 期。

[104] 范建红、王玲："珠江三角洲乡村景观意象空间分析"，《安徽农业科学》，2010 年第 3 期。

[105] 方创琳、周尚意、柴彦威等："中国人文地理学研究进展与展望"，《地理科学进展》，2011 年第 12 期。

[106] 方世敏、邓丽娟："红色旅游资源分类及其评价"，《旅游研究》，2013 年第 1 期。

[107] 方叶林、黄震方、涂玮等："黑色旅游外文文献研究述评"，《南京师大学报（自然科学版）》，2013 年第 2 期。

[108] 费一鸣、叶梦："苏州城市意象解析"，《南方建筑》，2008 年第 2 期。

[109] 冯维波、黄光宇："基于重庆主城区居民感知的城市意象元素分析评价"，《地理研究》，2006 年第 5 期。

[110] 高楠、王馨、马耀峰等："石窟型世界文化遗产地旅游意象研究——以云冈石窟为例"，《干旱区资源与环境》，2016 年第 9 期。

[111] 耿诺："300 处景区入选红色旅游经典名录"，北京日报，2016 年 12 月 30 日 02:49:54。

[112] 古诗韵、保继刚："城市旅游研究进展"，《旅游学刊》，1999 年第

2 期。

[113] 顾朝林、宋国臣:“北京城市意象空间及构成要素研究”,《地理学报》,2001 年第 1 期。

[114] 顾朝林、宋国臣:“城市意象研究及其在城市规划中的应用”,《城市规划》,2001 年第 3 期。

[115] 郭娟:“论山西红色旅游可持续发展”,《旅游纵览(下半月)》,2012 年。

[116] 郭昊羽:“中国当代城市意象化经营研究”,天津大学,2004。

[117] 郭英之:“旅游感知形象研究综述”,《经济地理》,2003 年第 2 期。

[118] 国家发展和改革委员会:《2004~2010 年全国红色旅游发展规划纲要》,2004。

[119] 韩冬:“基于内容分析法的历史街区旅游意象研究”,上海师范大学,2014。

[120] 韩国圣、张捷、黄跃雯等:“天堂寨景区农村社区居民旅游影响感知的差异分析”,《地理科学》,2011 年第 12 期。

[121] 何景明:“‘红与黑’:论精神旅游产品的开发向度”,《旅游学刊》,2012 年第 2 期。

[122] 赫维人:“行为地理学评述”,《云南师范大学学报(自然科学版)》,1987 年第 3 期。

[123] 侯兵、黄震方、尚正永:“基于城市意象变迁的城市旅游形象塑造研究——以江苏省扬州市为例”,《经济地理》,2009 年第 12 期。

[124] 侯国林、黄震方、台运红等:“旅游与气候变化研究进展”,《生态学报》,2015 年第 9 期。

[125] 胡德华、种乐熹、邱均平等:“国内外知识检索研究的进展与趋势”,《图书情报知识》,2015 年第 3 期。

[126] 胡立新:“‘意象’(Image)在不同学科语域中的表义辨析”,《广西师范大学学报(哲学社会科学版)》,2002 年第 2 期。

[127] 胡振民:“积极发展红色旅游,深入开展爱国主义和革命传统教育”,《思想政治工作研究》,2005 年第 4 期。

[128] 胡正凡:“环境心理入门”,《新建筑》,1986 年第 2 期。

[129] 黄炜、柳思维："基于地域文化的湘西旅游品牌意象研究"，《华东经济管理》，2008 年第 2 期。

[130] 黄细嘉、宋丽娟："红绿相映型红色旅游区构建的实证研究——以江西井冈山为例"，《南昌大学学报（人文社会科学版）》，2010 年第 2 期。

[131] 贾跃千、宝贡敏、路文静："基于国籍差异的杭州市入境旅游市场目的地感知形象研究"，《经济地理》，2009 年第 3 期。

[132] 蒋睿："红色旅游活动的政治传播价值研究"，湘潭大学，2013 年。

[133] 蒋晓梅、翁金山："从市民印象知觉探讨台南市都市意象元素质量排序之研究"，《建筑学报（台湾）》，2001 年第 36 期。

[134] 蒋长春："国内游客对红色文化感知的差异性研究——以延安红色旅游为例"，《河北大学学报（哲学社会科学版）》，2013 年第 4 期。

[135] 蒋志杰、吴国清、白光润："旅游地意象空间分析——以江南水乡古镇为例"，《旅游学刊》，2004 年第 2 期。

[136] 焦世泰："红色旅游景区游客满意度及其影响因素研究"，《西北师范大学学报（自然科学版）》，2012 年第 5 期。

[137] 金鹏、卢东、曾小乔："中国红色旅游研究评述"，《资源开发与市场》，2017 年第 6 期。

[138] 康纳顿：《社会如何记忆》，保罗·纳日碧力戈译，上海人民出版社 2000 年版。

[139] 雷召海："红色旅游理论梳理与实践建议"，《中南民族大学学报（人文社会科学版）》，2005 年第 5 期。

[140] 李杰、陈超美：《Citespace：科技文本挖掘及可视化》，首都经济贸易大学出版社 2016 年版。

[141] 李蕾蕾：《旅游地形象策划理论与实务》，广东旅游出版社 1999 年版。

[142] 李瑞："城市旅游意象及其构成要素分析"，《西北大学学报（自然科学版）》，2004 年第 4 期。

[143] 李素喜、高睿可："河北红色旅游资源开发现状与未来发展研究"，《中国商贸》，2012 年。

[144] 李向明："江西红色旅游资源及其创新开发的思考"，《江西财经大学学报》，2005 年第 2 期。

[145] 李小波："红色旅游的人文精神回归"，《中国经济周刊》，2005 年第 2 期。

[146] 李雪铭、李建宏："大连城市空间意象分析"，《地理学报》，2006 年第 8 期。

[147] 李艳、杨红月："红色资源与扶贫开发——以贵州黔北革命老区为例"，《遵义师范学院学报》，2017 年第 2 期。

[148] 李宗尧："论'红色旅游'功能的多样性——兼谈蒙阴县野店镇旅游业的综合开发"，《山东省农业管理干部学院学报》，2002 年第 4 期。

[149] 梁化奎："红色记忆在中央苏区的多层建构和集体共享"，《甘肃社会科学》，2017 年第 3 期。

[150] 梁银湘："红色记忆与国家认同"，《中国井冈山干部学院学报》，2010 年第 5 期。

[151] 梁银湘："红色记忆与巩固中国共产党执政基础研究"，《广西社会科学》，2015 年第 7 期。

[152] 廖运生："论井冈山红色旅游思想政治教育价值的实现"，《南昌大学学报（人文社会科学版）》，2008 年第 4 期。

[153] 林玉莲、胡正凡："环境心理学"，中国建筑工业出版社，2000 年。

[154] 刘春莲："江西红色旅游可持续发展的后现代视角分析"，《内蒙古农业大学学报（社会科学版）》，2011 年第 2 期。

[155] 刘帆、成斌："2014 年 10 月建筑科技与管理学术交流会论文集"，[C]. 北京：北京恒盛博雅国际文化交流中心，2014 年。

[156] 刘桂兰："河南省红色旅游可持续发展研究"，《河南师范大学学报（哲学社会科学版）》，2008 年第 1 期。

[157] 刘海洋、明镜："红色旅游：概念、发展历程及开发模式"，《湖南商学院学报（双月刊）》，2010 年第 1 期。

[158] 刘佳雪、王芳、王丽："红色旅游景区游客感知质量研究——以南京雨花台景区为例"，《生态经济》，2012 年第 3 期。

[159] 刘建峰、王桂玉、张晓萍："基于表征视角的旅游目的地形象内涵及其建构过程解析——以丽江古城为例"，《旅游学刊》，2009 年第 3 期。

[160] 刘建平、伍先福、黄玲："红色旅游的三大功能"，《学习导报》，2005 年第 5 期。

[161] 刘建新、高岚："简述环境心理学的形成与发展"，《学术研究》，2005 年第 11 期。

[162] 刘沛林、董双双："中国古村落景观的空间意象研究"，《地理研究》，1998 年第 1 期。

[163] 刘士祥、朱兵艳："海南省首届科技翻译研讨会论文集"，[C]. 海口：海南省翻译协会，2014 年。

[164] 刘玮、王关建："申名君等赣南苏区红色旅游资源区域整合工作步骤与保障机制"，《旅游纵览（下半月）》，2017 年。

[165] 刘辛田、盛正发："红色旅游与新农村建设耦合式发展分析"，《乡镇经济》，2009 年第 9 期。

[166] 娄在凤："国内游客红色旅游偏好及影响因素分析"，《商业经济研究》，2015 年第 25 期。

[167] 卢丽刚："红色旅游与社会主义核心价值体系的建设"，《江西农业大学学报（社会科学版）》，2008 年第 3 期。

[168] 吕晓峰："环境心理学：内涵、理论范式与范畴述评"，《福建师范大学学报（哲学社会科学版）》，2011 年第 3 期。

[169] 吕晓峰："环境心理学的理论审视"，吉林大学，2013 年。

[170] 马进甫、宋振美："简析红色旅游资源的特征及其开发策略"，《北京第二外国语学院学报》，2006 年。

[171] 钱力成、琅翩翱："社会记忆研究：西方脉络、中国图景与方法实践"，《社会学研究》，2015 年第 6 期。

[172] 乔海燕、杨丹艳、郭丽华："体验经济时代发展我国红色旅游的战略思考——以百色市为例"，《桂林旅游高等专科学校学报》，2006 年第 1 期。

[173] 任小玫："旅游地名翻译的范式、管理与文化生态意涵——从李祁的《徐霞客游记》英文节译本谈起"，《旅游学刊》，2009 年第 9 期。

[174] 荣海平、张霞："红色旅游熏陶下的爱国主义教育"，《商业经济》，2016 年第 5 期。

[175] 申健健、喻学才："国外黑色旅游研究综述"，《旅游学刊》，2009 年第 4 期。

[176] 沈益人："对城市意象五元素的思考"，《上海城市规划》，2004 年第 4 期。

[177] 盛正发："红色旅游的可持续发展研究"，《广西社会科学》，2006年第1期。

[178] 石坚韧、赵秀敏等："城市开放空间公众意象的影响因素研究"，《新建筑》，2006年第2期。

[179] 宋小红、于炎："人力资本视域下红色旅游可持续发展探析——以遵义市红色旅游为例"，《河北青年管理干部学院学报》，2012年第1期。

[180] 孙峰华："关于行为地理学的几个基本问题"，《山东师大学报（自然科学版）》，1990年第4期。

[181] 孙向阳："红色文化资源的德育价值利用研究——以贵州省铜仁市为例"，《科学中国人》，2014年第4期。

[182] 覃志豪："现代人文地理学新趋势之一行为地理学的兴起"，《经济地理》，1983年第3期。

[183] 唐丽萍、冯淑华："红色旅游资源的文化遗产价值及其评价——以南昌市八一起义纪念馆为例"，《旅游研究》，2011年第2期。

[184] 滕腾："巴马乡村养生旅游长寿文化意象与培育"，《江苏商论》，2011年第8期。

[185] 田逢军、沙润、汪忠列："南昌市旅游地意象分析"，《资源科学》，2009年第6期。

[186] 汪芳、黄晓辉、俞曦："旅游地地方感的游客认知研究"，《地理学报》，2009年第10期。

[187] 汪原："凯文·林奇《城市意象》之批判"，《新建筑》，2003年第3期。

[188] 王成芳、孙一民："基于GIS和空间句法的历史街区保护更新规划方法研究——以江门市历史街区为例"，《热带地理》，2012年第2期。

[189] 王济川、郭志刚：《Logistic回归模型——方法与运用》，高等教育出版社2001年版。

[190] 王立东、黄振宇："北京近代红色旅游资源分析与开发研究"，《北京第二外国语学院学报》，2011年第7期。

[191] 王珊珊："国外环境心理学研究新进展"，《社会心理科学》，2008年第5期。

[192] 王思萌、秦添煜："辽宁省抗战旅游资源的开发现状及对策建议"，

《旅游纵览（下半月）》，2015 年。

[193] 王小雨、李婷婷、王崑："基于乡村景观意象的休闲农庄景观规划设计研究"，《中国农学通报》，2012 年第 7 期。

[194] 王琰、李志民、赵红斌："基于使用者行为需求的建筑设计模式研究"，《西安建筑科技大学学报（自然科学版）》，2009 年第 4 期。

[195] 王曰芬："文献计量法与内容分析法的综合研究"，南京理工大学，2007。

[196] 王忠兴，刘婷婷："红色旅游资源的专利保护策略"，《老区建设》，2008 年。

[197] 魏鸿雁、章锦河、潘坤友："中国红色旅游资源空间结构分析"，《资源开发与市场》，2006 年第 6 期。

[198] 乌铁红："城市旅游形象设计新探"，《内蒙古师范大学学报（哲学社会科学版）》，2007 年第 3 期。

[199] 巫婷、肖祖豪："资源枯竭型城市向红色旅游经济发展转型研究——以赣西地区萍乡市为例"，《价值工程》，2017 年。

[200] 吴必虎、董莉娜、唐子颖："公共旅游空间分类与属性研究"，《中国园林》，2003 年第 5 期。

[201] 伍麟："当代环境心理学研究的任务与走向"，《西北师大学报（社会科学版）》，2006 年第 3 期。

[202] 伍鹏："红色旅游研究动态与展望"，《宁波大学学报（人文科学版）》，2017 年第 5 期。

[203] 肖海、卢丽刚："红色旅游资源的商标保护策略"，《知识产权》，2009 年。

[204] 肖亮、赵黎明："互联网传播的台湾旅游目的地形象——基于两岸相关网站的内容分析"，《旅游学刊》，2009 年第 3 期。

[205] 谢江帆、胡桂永："旅游扶贫模式初探——基于井冈山红色旅游的调研"，《老区建设》，2011 年第 21 期。

[206] 熊凯："乡村意象与乡村旅游开发刍议"，《地域研究与开发》，1999 年第 3 期。

[207] 熊伟、冯维波、康刚："基于 TIS 的我国乡村旅游地形象设计"，《生态经济》，2005 年第 6 期。

[208] 胥桂凤、黄远水："国内外黑色旅游研究综述"，《乐山师范学院学报》，2014 年第 9 期。

[209] 徐放："居民感应地理研究的一个实例——对赣州市的调查分析"，《地理科学》，1983 年第 2 期。

[210] 徐国良、万春燕、甘萌雨："福州市历史街区游客意象空间感知差异研究"，《重庆师范大学学报（自然科学版）》，2012 年第 2 期。

[211] 徐克帅："红色旅游和社会记忆"，《旅游学刊》，2016 年第 3 期。

[212] 徐磊青："城市意象研究的主题、范式与反思——中国城市意象研究评述"，《新建筑》，2012 年第 1 期。

[213] 徐仁立："国外红色旅游发展的启示及其他"，《攀枝花学院学报》，2009 年第 5 期。

[214] 徐象富："第九届中国经济学家论坛暨 2008 中国社会经济形势分析与预测国际研讨会论文集"，北京：全国科技振兴城市经济研究会，2007 年。

[215] Strauss A，Crobin J：《质性研究概论》，徐宗国译，台北：巨流图书公司 1998 年版。

[216] 阳琼："变译理论视角下的旅游文化意象重塑"，《长春大学学报》，2017 年第 5 期。

[217] 杨健、郭建华："长沙市城市意象知觉矩阵分析与聚类分析"，《重庆建筑大学学报》，2007 年第 4 期。

[218] 杨军："华圣文化——延安红色旅游与黄河文化经济发展研讨会专辑"，延安：国际炎黄文化出版社、《华圣文化》编辑部，2006。

[219] 杨俊宴、王建国、阳建强等："无锡总体城市设计层面的景观控制研究"，《城市规划》，2009 年第 2 期。

[220] 杨乃乔："红色记忆、红色经典与后红色经典——论政治无意识及其多元画语的视觉想象"，《学术月刊》，2014 年第 1 期。

[221] 杨培生、张玉龙："基于乡村景观意象的生态农庄旅游景观规划设计研究"，《居业》，2016 年第 12 期。

[222] 尹晓颖、朱竑、甘萌雨："红色旅游产品特点和发展模式研究"，《人文地理》，2005 年第 2 期。

[223] 张丽："江西红色旅游资源的开发与其对扶贫工作的促进性研究"，

《老区建设》，2015 年第 14 期。

［224］张达、石云、李魁明：“基于 CiteSpace 的中国人居环境与经济发展研究的可视化分析”，《云南地理环境研究》，2015 年第 5 期。

［225］张国良：《传播学原理》，复旦大学出版社 2001 年版。

［226］张昊宇、周鹏：“乡村旅游中乡村意象的保护与再造刍议”，《牡丹江师范学院学报（哲社版）》，2012 年第 4 期。

［227］张宏：“论景点翻译中的文化意象处理”，《绍兴文理学院学报》，2007 年第 2 期。

［228］张鸿雁：“城市意象要素的本土化认知”，《城市问题》，2004 年第 5 期。

［229］张慧、王策：“旅游开发中的民族文化渗透——以天山天池哈萨克民族文化乡规划实践为例”，《新疆职业教育研究》，2007 年第 1 期。

［230］张建忠、孙根年：“基于文化意象视角的宗教遗产地旅游文化内涵挖掘——以五台山为例”，《人文地理》，2012 年第 5 期。

［231］张洁夫、阳月星：“试论旅游实景演出中文化意象传递与视听美的融合——以《印象·刘三姐》为例”，《旅游论坛》，2011 年第 4 期。

［232］张捷、赵勇、徐振晓等：“旅游学研究（第二辑）——文化遗产保护与旅游发展国际研讨会论文集”，［C］. 东南大学出版社，2006 年。

［233］张磊：“吉林市城市意象解析”，哈尔滨工业大学，2008 年。

［234］张玲：“酒文化的多维透视：2016 年中国酒文化研究总结与展望”，《酿酒科技》，2017 年。

［235］张群：“论红色旅游对社会主义文化建设的作用”，《湖北经济学院学报（人文社会科学版）》，2008 年第 8 期。

［236］张艳、张勇：“乡村文化与乡村旅游开发”，《经济地理》，2007 年第 3 期。

［237］张扬：“红色旅游中思想政治教育价值探微”，《学理论》，2012 年第 5 期。

［238］张勇刚、游细斌：“国内外红色旅游综述”，《赤峰学院学报（自然科学版）》，2012 年第 11 期。

［239］赵安周、白凯、卫海燕：“入境旅游目的地城市的旅游意象评价指标体系研究——以北京和上海为例”，《旅游科学》，2011 年第 1 期。

[240] 赵翠侠："红色旅游可持续发展研究"，《合肥学院学报（社会科学版）》，2009 年。

[241] 赵磊："基于意象理论的历史文化名城文化旅游形象定位与产业发展研究——以山东省嘉祥县为例"，《旅游论坛》，2009 年第 5 期。

[242] 赵青、寇向光："太原市城市意象研究分析"，《工业建筑》，2007 年第 1 期。

[243] 赵振斌、党娇："基于网络文本内容分析的太白山背包旅游行为研究"，《人文地理》，2011 年第 1 期。

[244] 中共中央办公厅、国务院办公厅：《2004 ~2010 年全国红色旅游发展规划纲要》，中共中央办公厅，国务院办公厅，2004 年。

[245] 中共中央办公厅、国务院办公厅：《2011 ~2015 年全国红色旅游发展规划纲要》，中共中央办公厅，国务院办公厅，2011。

[246] 中共中央办公厅、国务院办公厅：《2016 ~2020 年全国红色旅游发展规划纲要》，中共中央办公厅，国务院办公厅，2016。

[247] 周林、过伟敏："基于中国城市化的红色艺术遗产管理与传承对策研究"，《求索》，2015 年。

[248] 周永博、沙润："旅游目的地意象研究进展与展望"，《旅游科学》，2010 年第 4 期。

[249] 朱定飞："基于技术接受理论的在线旅游 UGC 平台用户使用意愿研究"，浙江工商大学，2017 年。

[250] 朱剑峰："城市意象与城市旅游"，《东南大学学报（哲学社会科学版）》，2007 年第 2 期。

[251] 朱庆、王静文、李渊："城市空间意象的句法表达方法探讨"，《华中建筑》，2005 年第 4 期。

[252] 宗圆圆："基于 VEP 内容分析的旅游意象研究——以福州白云洞为例"，《济宁学院学报》，2013 年第 6 期。

后　记

本书是田逢军博士主持的国家自然科学基金项目“国民休闲背景下城市游憩空间意象的特征、效应与形成机制研究（项目编号：41261029）”的部分研究成果。

本书的完成得益于本人主持国家自然科学基金项目期间在各大案例地进行的调研和研究积累。自 2013 年本人获批国家自然科学基金项目以来，就先后赴上海市、南京市、苏州市、南昌市、丽江市等地开展了城市游憩空间意象问题的实地调研，研究对象包含了城市居民和城市旅游者，为本书的研究奠定了基础。考虑到南昌市作为国内著名红色旅游城市的独特性，在国家自然科学基金项目结题后的后续研究中，本人及所在研究团队的相关成员特别对南昌市系列红色旅游景区的旅游者进行了多次问卷调查，目的是想探讨这些旅游者心目中所持有的南昌市红色旅游意象，这些调研为本书提供了丰富的一手数据和资料。

本书的完成还得到了相关人员提供的无私帮助。我指导的硕士研究生王家霖、卢颖和章文明同学，不仅参与了相关实地调研和数据资料采集与整理工作，而且还参与了部分章节内容的写作。旅游管理硕士研究生张腾飞、殷程强同学参与了部分章节的资料收集、整理和文字加工工作。

本书的写作还得到了本人所在单位旅游与城市管理学院领导及同事的支持和帮助！他们的支持为本书的撰写创造了宽松的环境，在此一并致谢。

本书受江西财经大学资助出版。同时，感谢中国财政经济出版社的编辑们为本书的顺利出版所付出的辛勤劳动。

由于作者水平有限，书中难免有不当和错误之处，恳求读者批评指正。

著　者

2017 年 10 月